晨曦 2001 1215
於遠文書店.

# 開元先天勁拳學

潘岳◎著

先天勁進階功法

開元武學研究弟子合影

開元武學研究弟子合影

開元武學研究弟子合影

開元武學研究弟子合影

神以知來
知以藏往
探賾索隱
鉤深致遠

# 目錄

## 開元先天勁拳學——先天勁進階功法

57
35
22

35
22
57

# 潘岳先生簡介

潘岳先生，生於一九四六年，武學宗脈承繼「台始易宗」張峻峰先生體系之八卦掌、形意拳、太極拳，與天津「程派高式八卦掌」劉鳳彩先生體系的八卦掌，為「程派高式八卦掌」藝，在台傳人。為追求傳統內家拳學宗脈體系，曾遠赴大陸行旅河北、山西、新疆、黑龍江等十數省，尋師訪友，蒐集八卦掌、形意拳等武學名家史料，交流切磋，增益見聞，啟迪後學。

一九九三年，應聘為新疆太極拳協會技術高級顧問。一九九五年，受聘為台灣國立體育學院國術研究中心指導委員。一九九六年，受聘為山西形意拳布學寬研究會特邀研究員。一九九七年及一九九八年，分別應聘為中華民國國術總會第七屆及第八屆國家A級教練講習內家拳講師。

歷年來，專研先天勁法，體悟拳學奧義，激發人體先天本元潛能，研發出調整『人體架構』與『足掌』鍛鍊的「開元先天勁」下手及進階功法。並以球體運動原理，開發出『六合錯縱離心力』整勁爆發功勁。不僅獨樹一格，且不斷精益求精，突破武學既有範疇。為武學境界開創出，有別於一般拳法套路的功勁領域。著有「縱橫內家武學」、「突破拳學奧秘」與「開元先天勁拳學」。

# 前言

追求武學者，都期望能學到一門真實的好功夫，而不僅止於花拳綉腿的演藝套路耳。武術本不同於一般體能運動，習武，既已投入相當時日的精神及體力，就應學到有別於一般體能訓練者的反射動作，及異於常人的即時反應。重新脫胎換骨，加強危機意識及應變能力，適度反轉部分後天的習性與慣性，激發出不同的風格。而非衹是鍛鍊粗壯的筋骨肌肉而已。武學要有所成就，一定要有『功勁』。然功勁的鍛鍊，並非一味地苦練，而是要有方法次第。由調整『人體架構』下手，於踮功的功法訓練中『找勁』。一般習練者會覺得踮功單調無奇，是因未得訣竅，若懂得站踮下手處，方知踮功的內涵實奧妙無比。一旦訣要上手，後續的功法套路鍛鍊，即能無往不利，得心應手。踮功中，惟『找勁』機制，能充分掌握功勁訣竅，不但可啟迪先天自然體用本能，且境域深邃，值得習武者不斷地深入探索。老子云：『人法地，地法天，天法道，道法自然』，萬事萬物，皆應順應自然，不相違背，方能久遠。

功勁紮根鍛鍊，極為重要，需如大樹盤根，根基綿遠深長；猶似火山蘊釀，隱藏爆發之機。功勁源自人體本有先天潛能的開發，祇是一般人受後天習性影響，多已忘失，尤其是原生性的應變反射能力。『找勁』的過程，需融入充分的悟性與智慧，以探究箇中真諦。且因人而異，非可一蹴即成，是人類智慧的高度發揮。成就功勁，絕不是用於好勇鬥狠，而是在追尋自我潛能的突破，回歸自然法則，訓練敏銳的神經系統反應。祇要能抓住功勁鍛鍊的關鍵基礎，反覆熟練，返璞歸真，讓身體重新熟悉被激發出來的潛在機體能量運作方式。習慣成自然，要任運人體『自然反射』機能的爆發力，則是易如反掌，且可源源不斷地開發人體本能的相對極限。

抵禦外力侵襲，絕無既定的遊戲規則，尤其人是活體，本具有來自生物體本能的『自然反射』動作，故『人體架構』及功勁的調試鍛鍊，都是為了能進一步將功勁效能，融入身體神經反射機能，以即時反應外來的任何變化。此絕非虛論，生理機能反射，常在微乎其微間，突發其變，絕非套招形式的一招半式，足以因應。「開元先天勁」功法鍛鍊的目標，即是透過不斷地試煉與實證，調適人體自然生理架構，達到全身整體迅動性，回歸瞬間且不假思索的神經反射動作。應之即有，鬆之即無，深具物理力學與實證科學之原理，不做無謂的蠻橫胡打，亦不予對方有緩衝餘地。

臨陣應變，需足夠的膽識與氣魄，任何虛實動靜的悸動，皆會引發不同功勁的爆發效益。所謂『台上一分鐘，台下十年功』，具體表現僅在一瞬間。功勁提昇，需經得起考驗，然現今拳術，常略過功勁驗證的重要性，忽略拳術本質，多祇著重形體或演藝耳。所謂『學然後知不足』，若能經常性地驗證功勁效能，多思考拳術技法，知其然及所以然，探究拳學奧義，功勁才能不斷地向上提昇激發。拳術的優劣，不在外觀上是否練得筋肌豐腴，亦或體內有否氣流鼓盪。重要的是能否活用身體各部位筋肌結構，與上中下三盤間的環扣關係，順其所用，合乎自然法則，以逸代勞，激發先天潛能整勁功效。

「開元先天勁」進階功法是在「先天勁」下手功法的基礎上，更進一步地針對人體筋肌骨節的細部動作，做深入性鍛鍊技巧的剖析，披露功法進階的訣要，究理實練。主要重點在於，加強人體整勁架構訓練，提昇整勁效能；活用物理球體作功原理，擴大應變領域；落實觸手驚彈『不二論』，成為人體『自然反射』質量；透過沾黏纏化、皮骨分離的『應手』手法，於動靜中主控互動情勢；鍛鍊極具巧妙變化的多向量『六合錯縱離心力』，由『足掌』產生動力，瞬間拔根失重，造成對方措手不及之威勢，體驗『無』與『極』的整體爆發程序；不斷開發人體潛能，淨化功勁能量，提昇養生效益；並對部分導『果』為『因』的拳經拳理今譯內容，進行辭解與釋疑。涵蓋範圍，囊括進階功法的鍛鍊次第，實用技法的應變試煉，及開發潛能所附帶的養生價值等。

「開元先天勁」，著重功法築基與實證體用。奠基於個人本元潛能的開發，架構自然，一體通透。所導引的功勁境界，精妙無比，巧變萬千，非可筆墨言之。且習練者所習得的功勁效應，完全與自體生理架構結合，形成應變力極為敏銳的自然反應習性，集功勁能量、先天潛能及養生功效於一身，最大受益者是習練者自己。余縱觀，一般武術教習老師，多善於跨言自己的功夫了得，然確不見其傳習門人，有如其言般的成就表現。余以為，為師者除了具備功夫要領外，最重要的是要能有好的功法次第，適足以引導並教習弟子門人，使每個弟子門人都能學有所成。於教學相長過程中，不斷地精益求精。若衹是一再空言己身功夫之妙，確無法將其藝傳習弟子門人，即應質疑該師所言，是否僅為理論上的吹噓，實質並無功法可教習矣！

功勁鍛鍊，需往骨子裏探索，下手功夫是導引方法，親身試煉揣摩最重要，然方法亦不可綁縛於身，欲得精髓，必須步步祛蕪存菁。如乘船過河，需留船於岸，不應負船行旅，船具僅是過渡的方法耳。余研習術理要義時，常思其脈路由來，所為何用，祈承啟前人教義於無誤，親身體驗，精密求證，並將知其所然及所以然之體悟心得，啟迪後學於精博。學武貴在務實不虛，別無他法，勵行不墜，深體實究，功力增長，本在自身。武術兼具『形法功勁』之鍛鍊要訣，惟今人，多重『形法』，疏於『功勁』。探討人體功學，猶重激發勁學根源，未審根本，即便廣及『多門多術』，亦是皓首無成。

「開元先天勁」功法的鍛鍊，不僅開發個人先天本元潛能，對身心方面亦產生許多相對性，極具助益的附加價值。尤其是脊背部位多角化的訓練，無形中已直接間接地，活絡體內臟腑機能，通暢血脈，增強免疫能力，身心都能獲得充分而舒適的轉化。而『足掌』及『應手』技法的重點性鍛鍊，更能促進肢體末稍部位的氣血快速回流運轉。不但增益全身細胞功能的健康，且帶動心肺功能，強化體能，深具養生調理功效。是以能綿延以繼的武學，應採取符合自然生理架構的功勁鍛鍊方式，不但免於後遺症的憂慮，反可增強體能，健康身心。而非僅是強化筋骨肌肉而已，對人體身心均有極大的助益。且於待人處世的人格特質上，亦能漸次培育出成熟穩實的氣度及處變不驚的氣魄。

現今文明法治的社會，習武並非用以恃技欺人，或表現自我的英雄主義，而應以積極啟發身心敏銳機能為目標。「開元先天勁」除了必備的防身效益外，能改變一般武術拉扯、閃躲的後天慣性，發揮人體整體性應變機制及反射本能。並於調整『人體架構』，激發先天潛能的過程中，對多項體能運動者，具有建設性的啟發作用。增益其原所不能，開發機動潛力，發揮極限，得到高效率的優異成績。

功法奠基，必得隨師調教督促，絕無一蹴即得之功夫。「開元先天勁」之下手及進階功法，皆有導入及漸進功法的理術串習，弟子門人皆能親體印證。

過去傳聞，武術大師能『牆上掛畫』的上乘功勁成效，祇要潛能開發得宜，僅是本門弟子基本功勁的表現耳。且依個人本質的不同，所展現的潛力各具特色。「開元先天勁」突破性進階功法的鍛鍊次第，是先運用跓功功法調適身體架構，透過『找勁』、『引勁』、『試勁』、『化勁』程序來導引整個功勁軌跡。最後融入體用變化，激發養生功效，內涵完整務實且一以貫之。此功法師徒皆可驗證，絕非紙上談兵爾耳，且能依個人體質之最佳狀態，因材施教，激發出個人最大潛能。余之教習，極重親身示範及試煉餵招，使習者得以親見功勁威力。並於交手試煉中，反覆深體對陣時，人體『自然反射』的應變本能。體驗擊發及被擊發時，雙向的身心感受，預先洞察其瞬息萬變的生理變化。隨時調試功法，虛實引勁，沾實即吐，使『應手』功法愈形輕巧自如。此間，如若功力有所躍進，必再釋出術理，輔益教習，使弟子同感功勁之妙，隨吾增益功勁質能。所謂教學相長者，此之謂矣。是以為師者，若功勁法門仍能不斷斗進，則隨師愈久者，其功勁體悟會愈精純，理術基礎亦會愈形齊備矣。

習練武學，有了次第方法，最重要的還是要務實地親身體驗，切忌好高騖遠。潛能是自體本元，衹要步步進階，不僅成就己身功力，且能拓寬武學領域，開創武術新頁。武學境界，本如滄海般浩瀚深奧，衹欲遠觀而不敢褻玩，焉能親體登堂入室之妙。速成似浮萍無根，務實則根基深遠，種樹紮根，磨刀趨利，登萬刃山，需有必窮其頂的決心，如此，成就「開元先天勁」功法進階之境界，必有所成。

『開元勁法曠古今　立鼎三盤足掌根
弘武革除丹脊力　闡澂架構術理眞』

二〇〇一年歲次辛巳孟春　弘易潘岳　於台北石牌耕武樓

# 「開元先天勁」導讀

武學實踐是兩人間的互動關係，套路示範則以表現肢體動作為主。然論及武術，有無功勁基礎，則是影響勝負成敗的重要因素。實際對峙時，在無法套招，無預設動作的情況下，身形靈活變換及瞬間擊發勁力的掌握，是能否安全致勝的主要關鍵。余所研發的「開元先天勁」，非藉由體力鍛鍊而來，而是透過【伸筋肌】、【調背脊】、【沈肩胛】、【固髖膝】的機體鍛鍊，以合乎力學與功學原理之最佳卡榫效能，來調試最適合功勁發揮的人體自然生理架構，奠定全身整勁基礎。

其次，透過【找勁】、【引勁】、【試勁】、【化勁】的功法鍛鍊，開發先天本元潛能，將功勁量能之運用，於動靜變化中反覆熟練，以結合人體神經反射中樞系統，成為自然任運的反射機能，穩固並成就功勁基石。最後透過【黏手】、【纏手】、【盤手】、【𢵌手】等『應手』技法的串習，訓練功勁於實際『應手』時的整體應變能力。進階功法透過漸進次第，進一步地加強人體全身經緯架構的聯結，提昇瞬間作功速率及蓄勁壓縮密度。將整個功勁鍛鍊境界，由粗轉細，由淺轉深，由外轉內，提昇功勁領域的精純度。一如提煉醇酒時的細密純化過程。「開元先天勁」，反覆進行體內能量的淬瀝及整合程序，為的就是要激發高質量潛能，淨化高密度勁源，開拓功力勁爆的無限性，充分發揮功勁自然輕靈而又極端威猛的特性。

「開元先天勁」功法，在深細層次上要求全面化的進階鍛鍊，重點是：在『人體架構』的調適上，要求【落髖挺脊】、【背肌固樁】、【膝腿頂扣】、【堆疊壓縮】、【足掌掌控】，其中尤以『落髖』技法及『足掌』鍛鍊，最為重要；在功勁整合的訓練上，務求形成『卡榫式』透通架構、能自體作功的『彈簧體』反射效應，及『球體作功』的運作方式；在對峙應用上，著重『三點式體積加大』、『觸手驚彈不二論』及『皮骨分離式』『應手』技法等；在功勁爆發的向量上，則要提昇，隨時能自然而任運地擊發，具多重向量爆發威力的『六合錯縱離心力』；就整體功法鍛鍊而言。包括架構、整合、應手、勁爆等內涵，必須練就完全融入『自然反射』機能中。亦即，在整個進階功法鍛鍊中，最後成果仍需將所練就的功勁爆發原理，回歸到人體自然生理本能，融入反射神經系統。成為臨危時，可機動性瞬間自然反應的應變能力。

「開元先天勁」功法，不同於以往的功法鍛鍊。傳統功法，是以丹田或脊背發勁；「開元先天勁」，是以『足掌』主導全身整勁的擊發。傳統功法，套路拳法多採取單向力運作方式；「開元先天勁」，是以全身整勁的球體運作方式，發揮『六合錯縱離心力』的發勁威勢。傳統功法，用勁時，無法使人體體積加大；「開元先天勁」，用勁時，不但能展延體積，涵蓋對峙領域，且可將對方與我融為一體，操縱主導權。傳統功法，多採後腳蹬力，易前傾失重，不利攻防；「開元先天勁」，藉由後『足掌』踩蹬摩蹉力，產生『六合錯縱』力道整合向量，能保持人體中心穩固，有如彈簧，發勁時人體不易失重，且前足輕靈，虛實有致，利於攻防。傳統功法，兩人交手，各自為陣；「開元先天勁」，兩人交手，納敵為用，掌控對方。傳統功法，交手聽勁，靠手肘臂部分肢體為用的轉換，主控部位在腰，多以上半身聽勁；「開元先天勁」，交手聽勁，靠透通架構整體為用的『應手』技法變換，主控部位在『足掌』，全身聽勁。傳統功法，趾功著重在外形，用以操練體能及耐力；「開元先天勁」，趾功著重在調整『人體架構』，透過『找勁』功法，激發符合自然人體功學的本元潛能。

進階功法的下手處，【首先】，是從調試人體最基本的生理架構開始，反『後天』為『先天』，啟發先天本能，使身體各肢點環扣，能於瞬間一氣呵成，卡榫定位，爆發勁力。功勁爆發僅在一動，無有起落先後。【其次】，採用球體作功運動方式，提昇功勁向量運作，善用球體多切面，多方位，內中空，外巧圓的多重應變特性。使身法於攻防時，每一觸點都能靈動，充分掌握轉折進退時的虛實圓融變化情勢，落實收發自如的功勁效能。【再則】，將所有『應手』的應變機制，透過沉澱堆疊訓練，配合人體與地面的作用力，回歸至神經反射中樞。並將主控權，完全交由『足掌』掌控。使實際應敵時，能很自然地擴大勁源體積，全身有如雷達佈網般。並將對方納入我之掌控範圍，觸手即可隨時任運驚爆勁源。

整體而言，「開元先天勁」透過『人體架構』高密度堆疊功效，及髖胯部位之變換微調，瞬間卡榫定位，依所受抗力，機動性回應，進行摧根或勁爆的攻防策略。透過『自然反射』機能，使功勁蘊育於無形，展現平實，確能動靜自如。猶如海濤擊岸，逢岩激揚，遇灘緩流般地自然運作。符合自然法則的武學，應是融入生活中無所不在的，而不是臨陣時，才運氣提神，做一些無謂動作。當人體受到外力壓迫、驚嚇或威嚇時，能自然產生一種護衛性反射動作，摒退外力。平時舉止間皆應結合身心，靈敏體驗，形成自然反應，使功勁體驗的發揮，能達到人體最原始的自然法則。

「開元先天勁」進階功法鍛鍊，有一套完整的訣要，充分結合大腦思惟、觀察力與自身架構的應變能力，尤其是『位能』與『動能』間的變化，非可以量制功。且依個人悟性而有差異，近似格物致知原理，質樸無華。「開元先天勁」鍛鍊功法，透過身體的親體實練，轉化功勁效能，融入大腦記憶，攝入神經中樞，宛如一種先天便與生俱來的本能一般，內涵深邃而奧妙，兼具知性與靈性的悸動。且其試煉與實作方式，有助於武技與運動的提昇，尤其是訓練『人體架構』時，其整合功勁軌跡的轉化過程，及對整個身軀制衡點的調效細節，細微精密，變化萬千，極為奧妙。是武學術理的革新與突破，絕非偶一為之的一時性武技爾耳。余與弟子們教學相長的試練，已使功勁的發揮日趨簡易迅捷，點線功夫瞬間連成片。猶如集句成文，順理成章而體性俱全。人體未知且無可限量的潛能世界，極具研發潛力，整個進階功法鍛鍊，層次深細而靈敏，絕非外人單以問答、旁觀、淺試，而可一蹴即成者。

「開元先天勁」瞬間爆發迅捷剛猛的功勁威力，若對人體直接作用，傷害極大。是以余另行研發出一套『功勁檢測法』，用以測試各種功勁的擊發效能，不直接觸及身體，透過兩手相互觸動，即可瞬間將人震彈騰空。不會傷及身體，又能測得功勁所爆發的向量、速度及勁道威力。『功勁檢測法』，將人震彈騰飛之目的，並非用以演藝，而是同門間相互試手之用，是檢測習練者之功勁成就，是否已回歸人體自然本能反應的一個途徑，亦是淬煉功勁祛蕪存菁的一個過渡方法。然不明究理者，僅依外形觀之，竟以果為因，反以彈人之法，誤為功勁主要鍛練目的，以為余所傳習之功夫僅此騰飛動作爾耳，甚或有疑之為氣功擊打者。此實因現今之習武者，祇聽聞而未能親見，武術能有如此迅捷

實作試勁一

實作試勁二

之爆發力表現耳。『功勁檢測法』，僅是試煉入門功法有無瞬間整合之方式，此試煉法的呈現，不是為了追求或炫耀功勁擊發時的騰飛效益。而是用以反觀自省，感受自身於全身整勁爆發時的作功效應。透由這樣的親身體驗試煉，檢驗生理架構的瞬間聚合力，及勁源軌跡之轉化過程。直到足以控制全身整勁的透通性，達到瞬間一體成形的均衡點時，才算是練得先天勁法的入門功夫耳。『人體架構』機能，經過這般反覆地檢測、調試，習得整勁技巧後，才能進一步鍛鍊功勁實用性及進階地細部功勁要訣。

「開元先天勁」的研發，以功勁為主，以拳藝為輔。研發目的，在掌握人體本源，提昇武技精要，增益武學功勁原理的術理層次。無門派之別，體系之見，是時代的創舉與革命，啟發人體的資質特性，有如禪宗直指人心般地境界。許多人以為武術，祇是一次次新套路的取代，若老的套路，學不到東西，就創立新的套路取代之，以為如此較能因應現代文明的需求。事實上，套路是外象上的，常會因需求者的想法不同，而有不同的評比意見。實則，功勁的功學原理架構，不論外形如何變化，本質始終如一，且能靈活而巧妙的變化與運用。不需再延伸出多樣化的套路拳法，使習練者莫衷一是。對武術有深入了解與認識者，均深知儘管武術發展日新月異，仍偏重於拳法套路。而武學功勁原理確多是理論上的假想空談，極少被認真地深入驗證探究。

「開元先天勁」的功法鍛鍊，需歷經不斷地調適、試煉、實證及體悟，其過程嚴謹而務實，尤重親身體悟。功法奠基階段，必得隨師，依個體本質特性調教督促，所鍛鍊出來的功勁效益，因人而異。師者能適切地引導功法，解拳理之惑，隨師點化，實有事半功倍之效。然自身的體悟，更是累積經歷，進階的必要條件。「開元先天勁」，調適生理架構，探究功勁本源，蘊育養生之道，開發人體潛能。此箇中之妙，圓融之理，實非筆墨論境足以概全。余每驚於人體潛能之浩瀚深邃，周密無涯，故對專研所得，彌足珍惜。功勁鍛鍊，絕非硬打猛練而來，確實有方法次第可以深入探研，單靠身體的筋肌力量是有限的。研發功勁，務求一門深入，落實紮根，絕不可慾求急躁，或淺嚐即止。究理與研發是互動的一體兩面，不僅從武與術入門，且需在觀念上築基。自恃過高或不知巧變，皆是進階之礙，習者應謹慎惕勵之。若能帷幄得法，功勁本來自人體潛能，『青出於藍而勝於藍』者，時或有之。「開元先天勁」是武學境界的新里程碑，除可提昇功勁，養養身心，亦是人類悟性與智慧的高度結合與發揮。

武術，嚴格的說，是一種具高度思惟與生活哲理的藝術，兼具武德與武道精神。能依次第學有所用，並非揮汗搧巾地苦練，就可以有所體會或成就的。武術本無神秘色彩，然一般的鍛鍊多是以「果」為「因」，不得其門而入，難以成就，誤以為神秘難測而故弄玄虛。武學之道，「術」，是進入武學領域的方法，「理」，是驗證成果的準則。除術理層面外，修身培德，健全人格發展，導正武術正學風氣，亦是武學追求者，很重要的德育教化課程。余深盼能將現今，多崇尚華而不實的武術現況，漸次轉化為結合人體功學與力學原理，追求人身本元潛能研發的武學境界。期使後學，能不再盲修瞎練，枉行冤路。衹要目標清晰，方法正確。要達到術理兼備，成就內勁功法，開發潛能，增益己身自然圓融生理架構之效益，是決然可行且無可限量的。現今社會，習武已不為營生目的，故已不需有門派之見。功勁的追求，本殊途同歸，然導入之法，確可依個人體悟程度而有所不同，期後學能深思慎辨。

## 開元先天勁體用歌

『神形凜然　炁貫長虹吞日月
意動雷霹　萬馬奔騰撼山谷

沾身電閃　颶風捲襲千層浪
吐勁爆洪　江河崩決萬重堤』

# 『人體架構』之整勁提昇

整勁是入門，而勁道洗煉的提昇，才是進入功勁堂奧的要件。自然而協調的生理架構，是練武的必備條件。「協調」，才能穩固均衡，「自然」，才能達到極點。違此則力道多所耗損，便無法完善發揮。說時容易練時難，要將形成已久的習性，修正回歸到自然本源，實非易事。然難易層級，本在實踐之道的落實與否。若能從，知方法、重體驗、明術理、鍛技巧、勤研發、激潛能等步驟，反覆調適提昇。則難轉易，易成實，難易分寸自在掌握之中矣。跓功鍛鍊，主要重點內涵即是在『找勁』，找出人體各骨節筋肌間的協調性，而不是站得久或蹲得低，練得兩腿直發抖才算有功力。每個人的骨架不同，筋肌協調性不同，步法的大小寬窄亦不同，不可強行規定。要個別體驗試練，從『足掌』至頭頂，以至手掌，均需多方向、多角度地下手細心調節，以達到整體性的均衡發展。一般拳師所教習的踀法，多在磨蹭習者的耐性、體力而已。所站的踀多半如木石入土般的固著，不能動搖，但此為死踀，已誤導踀功原有的內涵。踀功既是在鍛鍊功夫基礎，就不能練成無生息、無意識的死板踀。

『踀』，是以兩足向地面施以作用力，以『足掌』向地面下紮根。如樹根盤錯，將根不斷深入地底，並向四面八方伸展漫延。盤根穩實，幅員寬廣，形成成片的立足點，不怕狂風動搖樹身。足下功夫紮練愈實在，根基愈深廣，就不會被輕易拔根。如植樹般活絡的踀功，可向下紮根茁壯，一如樹根般，吸收日、月、水和空氣的精華。可向上騰拔伸展，一如樹幹枝葉般，壯碩拓展。以發揮全身為用的效能。許多踀功常以動物形象或氣勢表徵，來喻其重點，以表達『人體架構』的整合力量。然多數後學，常不得要領，僅模擬到動物外形，無法深入箇中道理。若不懂站踀在練什麼？即使站三年甚或十年，恐亦不會有真功夫。踀功，亦是一種師父對弟子沉穩心性的考驗。這也是追求武學，最需要的一種人格特質，故切勿心猿意馬。為師者常藉跓功，考驗習練者的恆心毅力及實體功夫，磨蹭其慧心體悟的能力。隨時適切地調整，依次第循序漸進，使之脫胎換骨，重新改造，以利快速進階。無功勁基礎，拳法套路僅是身形變化的一種技藝爾耳。一旦實戰應敵，需有高度的危機意識，全身備戰，憑的是瞬間既成的真功夫，若不懂得護衛自身，被打也是必然之勢。

「開元先天勁」，進階功法的鍛鍊，首重如何將『足掌』與地面的作用力與反作用力，適切地引發，直透指端。功勁要提昇，人體的整勁架構，要先奠下必備的基礎。透過『人體架構』的固守，瞬間卡榫定位後，『足掌』對地面的施壓愈淬濿，勁源爆發會愈勇猛。若經久鍛鍊而成自然習性，則勁源即可隨神意，動態控制，呼之即來，放之則無。「開元先天勁」針對『人體架構』的功法鍛鍊，著重的是體內變化，調適得法，是快速激發勁源的功法捷徑。同時也讓身體各部位，熟悉爆發勁源的感受，體會當肢體動作變換時，所造成的不同效果。探討動態動作，對勁源的利弊得失。應如何調整才能無礙於勁源通行，且能更進一步地助益勁源的量能發揮。一旦調整出人身機能與勁源的最佳配合度，即可控制並增長勁爆速率。且可進一步地融入神經反應機能，直接反射量能的變化。「開元先天勁」的鍛鍊功法，各具不同體性，除了訓練『人體架構』與引發『足掌』勁源外，還有神意境界的帶動及提升。

整勁者，『勁』必須具備一貫性、整體性及透通性。『整』是指人體全身架構，能於瞬間在定點互相卡榫定位，鬆緊合度的常態狀況。貪則滯，散則潰。整勁勁源，來自『足掌』加諸於地面的作用力，所產生的反作用力，不在身上著力。故能以最省力的方式，擊發出最勁爆的功勁效能。著於身上的力是拙力，久之筋肌常會受傷。尤其是胸部常有壓迫感。人體部位在功法角色的定位中，骨骼，司卡位支撐之職。筋肌，司彈性緩急之職。關節，則司轉折變化之職，各司所職，然確需於瞬間一氣呵成。譬如以『足掌』骨撐地，『足掌』

筋肌將地面反向作用力彈放而出。藉踝關節的轉折，撐拔而起，運用小腿骨與腿肚肌，合力夾擠。經由膝關節的頂撐，向上挺拔。以髖骨承載，貫穿腰背筋肌，不斷向上遞升，直透指端，爆發勁力。骨骼、筋肌與關節的互動關係，是相輔相成，相互為用的。需各部位適時地瞬間卡榫定位，才能完成功勁整體作用的完整內涵與深度。

物體作功，首重架構的精密度。「開元先天勁」由下手功法至進階功法的鍛鍊次第，在『人體架構』上，要訓練『伸筋肌』、『調背脊』、『沈肩肘』、『固髖膝』。使全身整勁架構，能於實際散手中靈活運用。進階功法中，著重深細層面的效能調整。如調適髖膝樞紐部位，重新堆疊中空密度，延長整個身體力臂，壓縮功勁彈性效能。並將重心下落，藉由沉澱作用，移轉至『足掌』，由『足掌』掌握功勁爆發的主控權。使自體作功時，能以最小的作用力，產生最大的勁爆效能。「先天勁」下手功法所鍛鍊的三盤，是讓身體熟悉鬆柔與卡

1. 伸筋肌

2. 調背脊

3. 沈肩胛

4. 固髖膝

位原理。三盤基礎拿捏穩固，基本架構協調。則鍛鍊全身整勁架構時，較能順暢無礙。一體整合與微調性應變鍛鍊，在進階功法中是極為重要的。故各部位於加強一體為用的鍛鍊後，仍需藉踵功鍛鍊，來貫串全身整勁的鍛鍊成效。

『落髖挺脊』，是將以脊背、腰椎等彈力支撐重心，向下沉澱移轉到髖部。身軀需維持似正非正，似斜非斜之勢。落髖需沉，然並非鬆垮。髖沉，小腹會自然微收。髖骨位於身體骨盆腔左右兩側，包括骼骨、髖關節及坐骨。是連結上下半身，最大的兩塊支撐骨塊。沉落髖骨，形成如畚箕般的承接狀態。一則可穩固自身的重心。一則可減少轉折，加寬骨盆腔轉環空間，使上下半身的互動靈活暢通。再透過虛實動靜微調技巧，快速地引下串上，掌控身軀整體透通性的起落環扣。依左右髖骨的部位特性，可將髖部向下向前裹。適切地沉落，會帶動脊椎尾端的薦骨向前裹，自然地拉直脊椎骨。使背脊挺拔，身軀中正。達到增進脊椎骨自體整脊，與牽動體內臟腑相互按摩的功效。捲提尾閭與落髖的驗證，以單腳穩站，一腳平抬，身軀能上下蹲站起伏而無礙為原則。

在功勁的運用上，一落必有一起，迂迴運作。『落』時，是直接承載指端觸點所受抗力，並向下引導至地面。全身架構形成一過渡緩衝區般，有助於分散或抵消抗力，並可進一步地形成導引式的拔根效應。使對方因瞬間施力的落空而失重倒仆，隨即把握反擊時點，動作上瞬間一落即起，引爆勁源擊發之。此時，若髖骨未能適當地沉落，則整體力量會浮在腰上。力浮於腰，『足掌』便無法適度的踩蹉，就無法順利將對方力量引至『足掌』地面下。是以，落髖與否的連鎖效應，是可否將對方力量引下串上，最重要的關鍵所在。『起』時，是利用『人體架構』，瞬間卡榫定位，形成的整體性通透力臂。將由『足掌』與地面作用的勁源力道，與全身整勁的長力臂相乘積，瞬間產生貫穿性爆擊威力。此時，落髖的微調機制，亦是控制發勁角度的重要樞紐，極為精細。差之毫釐，失之千里，些許角度的變化移轉，均足以改變勁源作功的向與量。

是以校正合於個人生理架構的適切位置，才能發揮功勁的準點效益。透過不斷試煉，以熟悉虛實起落微動時的效能變化。反覆實際驗證，不落空想，方足以隨時隨地，因應上下左右前後的向量變換。如飛彈發射，發射體少許角度的對焦微調，加上射程距離乘積效應，足以影響飛彈與射擊目標間的距離。落髖技法的調試技巧，極為精密細緻，影響層面深廣，外表看似簡單，然習者必須細心體悟，方能進入堂奧。

『背肌固樁』，是將肩胛吞吐功能，擴大延伸，以整個背肌為主。範圍從後肩胛到腰背兩腎後的護腎背肌及腰肌，訓練整個背肌的瞬間鎖定支撐力，加強渾圓厚實的固樁效能。肩、肘、腕部位，是發勁時經常橫斷勁源的最大阻礙。抗力點在前方，一般若將支點放在肩與肩胛骨的厚實處，短距離抗點仍可湊效，但肩膀會因吃力沉重，產生肌酸而酸疼。故需延伸力臂支點，移至背後的腰肌處。再運用整體架構，將抗力下引至『足掌』部位。而肩胛、臂膀、肘與掌，祇需瞬間形成一條關節鎖定的固著式機械手臂般，穩實透通，讓勁力無阻地竄過即可。使接力、引力和爆發勁力時，皆能瞬捷而明快，無損於筋肌的悖動。肩胛吞吐時，要先吞後吐。『後吞』，是藉下腹部往後微縮方式，帶動整個背肌後吞。使腰以上之上半身自然形成圓整弓體，形成較廣域的吞吐範圍。『前吐』，是將兩臂膀，藉沉放肩井穴之勢向前遞伸。臂膀向外圓撐，向內夾扣，內外互補撐拔。肘頂腕扣，形成圓抱之勢。鍛鍊肩胛連接點吞吐的靈動性，是加強並鞏固整體動作時的一貫性。一般背肌未經鍛鍊不會整體性地向後吞，故要訓練背肌全面性地頂撐，務使背部形成整片合力，不再分段傳導。可使勁源更加穩定暢通地，經由背肌合力貫躥而出。全身整勁作用時，背肌與兩臂膀，要能保持隨時都能瞬間固著鎖定的機動狀態。尤其是腕、肘、上臂末稍、肩等節點，需固鎖不動搖。稍有折曲，勁源便會因折損或受滯，而無法貫穿。故背肌與肩胛，肩胛與臂膀，臂膀與肘，肘與腕，腕與掌等環節。猶如具環扣樞紐功效的機架螺絲般，務需穩實固著鎖定。凝聚上衝的勁源，必須靠一體成形的背肌功能，及上肢體各環節部位的瞬間鎖定效應。讓勁源順勢直躍，不容少許鬆懈滯礙。鍛鍊好背肌固樁作用，應進一步地融入全身整勁作用時的一體成形程序中，不再執著於個別部位導向的效能。

『膝腿頂扣』，是運用小腿骨骼支架特性，前『足掌』向前向下蹉定，瞬間固著膝及小腿部位。使之如土中插犁般，堅穩而不動搖。動物中，如鳥的骨架是T字型，身體質量整體下壓，因其膝蓋構造，是往後曲彎的，故其起飛蹬力時，力能收攝不會前傾。然人類腿部膝蓋關節構造，是向前曲彎的。腿部力道很容易由此關卡向外散佚，不易收攝。若未經頂扣訓練，是無法使力從『足掌』順利向上貫串，而直接傳導至指端觸點的。鍛鍊膝腿頂扣時，前膝部的頂扣尤為重要，切不可出尖搖晃。其作用，一方面在落實鞏固下盤重心，不會被輕易動搖拔根。一方面與全身整體透通性結合，透過前後兩腿扣膝夾擠的作用，可將勁源往前向上傳導。甚或可藉腿肌彈力，再加把勁頂撐上彈，以倍增勁源的上衝力。一方面悍衛勁源通行路徑，不使功勁因曲折，而散佚威力或效能。後足，則需同時運用『足掌』與地面的磨蹉力，向內扣膝，調整膝尖、足尖方位，顧守發勁方向。利用小腿撐拔變換鬆緊度，配合前足『足掌』的瞬間蹉定動作，整合兩腿導引及夾擊功效，共同護衛勁源上行。若膝腿無法穩固頂扣，些許的搖晃偏離或出尖鬆動，勁源便會因導引方向的迭異，躥離身體原已架構好的透通路線。而沿著膝尖變動方向，向外流失散佚，致使勁源受阻或中斷，而無以發揮。故膝腿頂扣作用，是能否發揮整勁效能的重要關鍵。

『堆疊壓縮』，是進階功法中，極為重要的整勁效能鍛鍊法。不在外形上訴求，主要是利用堆疊壓縮作用，調整身體內部機能的緊密度。密度愈高，功勁爆發力愈大。身體要形成高效率的彈簧效益，做為彈性基座的筋肌組織。其間的緊密度，需愈均衡愈細膩愈好。骨骼筋肌的堆疊壓縮方式，是由上往下一層層進行鋪陳、堆疊及壓縮。一則，整合骨骼筋肌機能，調整其鬆緊密合度，形成海綿特性，保持恆常而穩定的彈性基礎。一則，將身體堆疊成有如環狀彈簧結構般，適於即時性地自體壓縮作功，催發彈性效能。猶如彈簧原理，彈簧體經壓縮後，密度愈緊實的位能，會蓄積極大的反彈能量。一旦壓力瞬間釋放，位能轉換為動能，所產生的瞬間震彈爆發力，極為迅捷威猛。人體透過適當地沉澱訓練，堆疊壓縮體內的量能，其理相同。能夠沉澱到愈底層的堆疊壓縮作用，所積累的相對性位能與動能差距會愈大，則一觸即發的爆發力亦會愈強。是以，若能將人體內部機能，漸次而緊密地，一層層向『足掌』沉澱堆疊壓縮，使積累的量能達到最高點。繼而利用『足掌』至指端觸及點間的透通路徑，配合各部位瞬間卡榫的緊實性，與整個身軀最長力臂，形成適切的乘積作用。一旦『足掌』向地面作功，引發勁源，透過長力臂流線型透通加乘效果，直接貫躥，所爆發的功勁效能。不但強盛紮實，且變化無窮，難以捉摸。此端賴『人體架構』之穩固性及緊密度，直接影響瞬間能量釋放的威勢。

『足掌掌控』，是「開元先天勁」功法帷幄的重要機制，是引勁落空的拔根要領所在。拳經中「起於足」或「發於足」，此足部是指『足掌』，而非一般論述的『足跟』。一字謬誤，是造成功勁基礎無法奠定的主要因素。『足掌』與地面實際接觸，產生作用，轉化為具爆發性的勁源。一方面，身體經過充分堆疊訓練，已將彈簧支點，降移到『足掌』部位。一方面，為貫徹身體的透通性，將整個身體當成力臂，而槓桿力臂支點亦落在『足掌』，形成最大的乘積效益。若足跟落地，人體重心會後傾，僅適於站立休息，不適於進行激烈動作，更遑論能產生釋放能量的爆發力。兩『足掌』的作用力，應似錐形體作功，構成整體旋轉的支撐力，相互為用而穩固。猶如旋轉陀螺，透過旋轉速率的支撐，形成平衡點般。兩足相互旋轉支撐為用，故反能達到穩實不傾的狀態。一般運動，亦多有運用『足掌』技巧者。旋轉如定點彈跳及田徑場上的短跑運動等，多以擅長使用『足掌』部位者，較具有爆發力。又如獅、虎、豹等動物，亦是運用『足掌』踩蹬作用，展露兇猛的爆發力，用以奔跑獵食。『足掌』部位雖小，然因深具帷幄運籌功能，故作用極大。

要能發揮『足掌』之掌控能力，必須先齊備全身各部位機能，架構好瞬間整勁效能運作能力，否則亦是弧掌難鳴。好比有將無兵，施展不開身手。反之，若獨具全身整勁透通特性，確無『足掌』控制勁源向量的技巧，空有架構無從發揮。又好似群龍無首，造成效益不彰。鍛鍊『足掌』，足跟要微起。首先，需訓練如何以『足掌』瞬間向地面蹉定而不動搖。繼而，鍛鍊『足掌』自體圓形運作的磨蹉技巧。漸次，再訓練『足掌』下如踩蹬一球體，可多方位滾動，又需能不丟不頂的蹉蹂作功。技法重點，在於能瞬間集中作用力，變化方位，掌控虛實輕重。而整個『足掌』的韌性調試，仍需藉由實際爆發功勁時，不斷由粗猛的大動作中，漸次調向細緻的微動。化有形為無形，達到動如未動境界。此份功夫，必須靠不斷的實體操練，累積感受與體驗。『足掌』的支點功能，有如錐形體在地面上的擺動般。身形變動時，上體大動，而足下的支點確是頂撐而微動的。由於錐形體的接觸面積小變動性大，是以隨著『足掌』轉動方向及作用力的不同，所飆旋出來的勁道，是極為迅捷威猛而變幻萬千的。此鍛鍊階段，功法技巧極為細微，能得到從師，隨時細心的引導是非常重要的。鍛鍊功勁，不能祇停留在理解階段，無實際體悟是不夠的。勁源一旦被引發貫通，仍需反覆鍛鍊，加深身體的記憶與感受，形成慣性，否則仍會稍縱即逝。

## 整勁架構功法訣

『開元整勁架構尋　三盤術理法自然
頭懸頸豎鎖骨沉　肩吐胛吞肘腕墜

胸圓腹收背脊挺　腰塌髖落薦尾提
足蹉膝堅腿髀抱　手撐神奕定乾坤』

「先天勁」下手功法，為整勁奠定『人體架構』基礎，往下紮根，打造出可隨時緊密卡榫的機體韌性。而「開元先天勁」進階功法，則要求全身架構，要能隨時一體成形，全身通透，使勁力能機動性隨時躍出。故任何肢體的個別鍛鍊，最後都要整合成為一體。『落髖挺脊』，是接引抗力，貫出勁力，溝通全身的重要關鍵；『背肌堅穩』，附有穩實鞏固炮台基座的重要任務；『膝腿頂扣』，擔任捍衛及護送勁源的尖兵角色，絕不能使勁源稍有散佚；『堆疊壓縮』，建構骨肉筋肌密度，使周身具備無處不彈簧的韌性效應；『足掌掌控』，帷幄整個『人體架構』的戰備狀態。是以先行鍛鍊全身流線型整合的通透架構，是絕對不可或缺的。祇要有一處架構鬆散不協調，必致功敗垂成。提昇整勁效應，務需各部位機能，一體成形的充分配合。

「開元先天勁」進階功法，在訓練『人體架構』時，已包涵了多種力學作用原理。如撐拔作用、槓桿作用及加速度作用。勁源爆發，來自『足掌』，經由全身性撐拔作用，將壓縮後的反作用力瞬間彈發而出。其撐拔作用，如幫浦汲水，如風箱抽氣。全身形成長力臂時，支點在『足掌』；以臂膀為力臂時，支點在腰背兩臀後筋肌處；要引導下半身重心的移轉及虛實輕靈，則支點置於髖膝部位，充分發揮槓桿支點與力臂作用乘積原理。以最省力最有效地方式，使全身整勁協調，作功輕巧，勁力十足。具主導神意的頭頸部位，則是導引向量及神意的支點。可與『足掌』配合，形成如弓之兩端，固著彈簧體的延展性，可促成連續而不間斷地迅速擊發功能。槓桿原理並非一成不變，此時為力臂環扣者，下一刻即變換為支點作用。變化之巧，非可以單一物理現象加以評論。這也是中國武術內涵，極為耐人尋味之處，適足以終生玩味而不倦之處。在速度的變化上，等速度的肢體運動，是鍛鍊骨骼、筋肌與關節作用的均衡性、協調性與慣性。以穩、勻、連為主要目標，功法穩定後，隨時再以定點或動態方式，形成加速度的瞬間爆發作用。

蹠功成效，並非靠時間的堆砌。功法若未練確實，即使冒然進階，也不會徹悟。第一道門檻跨不過，再增加的習練，都是空乏虛幻的外形架勢爾耳。故務必要腳踏實地的鍛鍊，尤其是『足掌』定要學會踩蹬磨蹉的技法，能與地面連結，產生共體作用力。若『足掌』不會踩蹬，則遑論其它功夫。一般練法，多要求腳要向地面緊踩，以防他人掃腿動搖，此是錯誤想法。前足必須虛置才能輕靈，一旦觸及，則可採取瞬間將全身力量加諸於對方，以加重其負擔的方式因應。或是直接瞬間踩實定著，引爆勁力將對方擊飛，隨即鬆放歸原。一般的拳術，在觸及時，是對等的，仍區分你我。並未思及如何將對方力量引入足底，或將對方變成我的一部分，由我掌握主控權。在進階功法次第中，這是有方法可訓練的。

踮功鍛鍊的主要目的，是透過訓練建置一個密實，適於『找勁』的『人體架構』。除了開發自身勁源及全身整勁效應外，還要進一步由敏銳的觸覺中，找到對方的著力點，並能將對方抗力順導接引至吾『足掌』地面下。此即是在訓練『聽勁』技巧，無論是何種形式的接觸或沾黏，皆需由『足掌』來辨識對方勁力的輕重急緩，藉地面作用力與之抗衡，而不是由手上觸點來因應。同時要能改掉過去上動下不隨，下動上未起的動作習性。故鍛鍊看似無動的踮功，實則內部生息靈動，極為細緻巧妙，不斷地在與自身生理架構挑戰，玩味箇中趣味。實則，對踮功已具心得體悟者，皆會感嘆人體生理架構的奧妙。愈深入探索，愈能得其妙境，而留連忘返，廢寢忘食，此箇中滋味實不可言喻。

# 進階功法鍛鍊

要探索踮功奧秘，其方法及技巧，就是要先掌握下手功夫訣竅。訣竅似難而易，踮功似易而難，全憑心意用功夫，臨門一腳的竅門。體悟了會恍然大悟，原來皆是吾身人體所本有，衹待啟發，不假外求之物。未能體悟者，尤如盲者摸象，摸到一部分，就以為是全部功法，此中差異甚遠矣。習練武術，就算具有慧根者，也沒有一躍沖天的，定需步步進階，快慢因人而異。然漏掉一階，就留下一階的缺憾，對基礎功法仍有一定的影響。衹有務實的鍛鍊功法，絕無超脫的神話，習者務需深體謹記。整體性的功法體悟，可利用【龍騰功法】、【虎躍功法】、【猿攀功法】、【獅搖功法】、【熊蹲功法】、【蛇盤功法】等進階踮功鍛鍊法。來加強全身一體作功的運作，且是著重機體內動的動態性鍛鍊功法。務需先有「先天勁」功法的基礎，才能進行進階性踮功調試。初站踮時，兩腳需如膠附地般，需有沾黏固著於地之感。並時感微風吹起時，身體如樹幹般，整體性的隨風搖曳生動。而動向的掌控，則來自『足掌』，非僅止於手或身軀的擺動而已，如此調效才具整體性。

【龍騰功法】。功法動作是，兩足併立，兩手儘量向上騰拔伸展。主要重點，並非以兩手帶動脊背的拔伸，而是將整個背脊部位與向上伸拔的兩手，視為一體。肩與臂膀間的關節必須扣緊，不可起落動搖，使腰背筋肌一直到指

龍騰功法之一

龍騰功法之二

端，自然形成一個整體性的筋肌板塊。利用腰背臀後兩條背肌筋塊，向上撐拔的力量，做為推動兩手向上騰拔之勢。實際動的是腰背臀後的筋肌部位，是整塊板塊的騰拔，而非單以兩手起落或局部性的肩膀牽動。足跟要提起，『足掌』向下踩蹬，利用『足掌』向地面踩蹬的作用力，產生反作用力，沿著兩腿直上，透過人體內部卡榫好的透通路徑，穿過腰背肌、肩胛，向上傳送到指端。是以龍騰功法，伸筋拔背脊的運動，還具有向上導引通路的功效，同時亦是在鍛鍊長勁撐拔。當整個脊背撐拔起來後，接續往上挺拔的力源要下沉，將掌控權交到關鍵部位的『足掌』處，由『足掌』作用來帶動全身的向上伸拔運動。騰拔過程中，所產生的悸動，會將整條脊骨向上拉開。而於鬆放時，自然形成重新堆疊脊椎骨的效應。有助於挺拔有歪斜現象的脊骨，具有舒解整條脊骨壓力的功效。是以，此功法可同時鍛鍊『足掌』踩蹬作用力、全身透通管道、背肌支撐力、肩胛緊扣力及力透指端的一體感受。練時，要練深遠長勁，用時，方能靈活自如。

【虎躍功法】。功法動作是，兩足採前後蓄勢待發步，兩手齊向前撲，猶如猛虎正欲向前奔躍一般。主要重點，不是以兩臂向前撲，而是以後背筋肌及肩胛部位，向前躍撲。前撲時，動用背後的整塊筋肌往前遞送，肩與臂膀間的肩井穴沉落後要緊扣，不可前後動搖。腰背筋肌與兩手架構成一條向前方通透的管道，而勁源則由後『足掌』頂撐而來。前『足掌』頂蹉固膝，後『足掌』踩

虎躍功法之一

虎躍功法之二

蹬撐拔，猶如彈簧，主導勁源的彈簧效應，拱頂腰背筋肌，傳送兩手向前撲擊的動作訊息。好似全身一體向前騰拔躍撲，使整個前撲之勢，帶著一股拋物式圓形回轉力。使迅達指端之勁源的威猛氣勢，猶如猛虎撲食般地快捷，必使所撲躍之獵物立即成擒。一動即達點，絕無二動之贅。此動作是運用已建置完成的全身整勁架構，訓練『足掌』蹬起的勁源，迅達指端觸點的功法。而前撲鬆放，連續性再前撲的動作，亦在使全身達到整體吞吐的訓練功效，讓功勁爆發程序，經得起各種變動形式的磨練。

【猿攀功法】。功法動作是，兩足成前後式弓步，前足膝頂扣小腿下插，後足頂撐內扣。一手由身側向前攀扣，一手於身側抓扣向後撐按。前後相對力量的拉撐，會倍增效應。主要重點，是利用臂膀手掌向前向上攀扣之勢，抽拉撐拔小腿肌、大腿肌、臀肌、兩腎後腰肌、背肌以及臂肌等筋肌部位。配合腰部轉動，左右式分別訓練。拉撐揉搓，可柔化筋肌，並加強筋肌的活動力，使之

猿攀功法之一

猿攀功法之二

鬆緊合度。筋肌部位是彈性密度與張力的重要基座，故需由下到上，一貫地進行左右前後拉撐揉搓的訓練。猶如氣缸般，具堅穩潤滑多重效應。兩手的攀扣動作鍛鍊要平均，目的是要帶動由小腿肌一直延伸到臂肌，整體性筋肌的均衡運動。加強各部位一致性的機體韌性，同時也鍛鍊兩手前後相互呼應的連貫性。猶如揉麵，要使稀鬆的麵粉，轉變成極有韌性，嚼勁十足的麵塊或麵條，是需要多方位的滾動、聚合、拉拔及揉搓的。兩足前後弓步，是在鍛鍊前膝頂扣，及後『足掌』趴扣地面踩蹬力的施力效能。調整不同肢體角度時，勁道軌跡的透通性。使勁源於任何角度的變動中，依然能瞬間直透指端。後足膝，則支撐整個筋肌彈簧作用力。此功法身長力臂成為斜角度，後足踩蹬趴扣時，勁源轉換，必需透過穩實的小腿肌、大腿肌、臀肌、腎後兩塊腰肌、背肌以及臂肌的彈力韌性作用。迅速地向前向上，躥向觸點，爆發勁力。故此全身筋肌整合性的實體鍛鍊功法，適足以進一步提昇整勁彈性效益。

【獅搖功法】。功法動作是，兩足成左右式弓步，前足膝頂扣小腿下插，後『足掌』頂撐內扣。身軀向身側後擰轉。兩手呈S形，一手在前，上架護於額前，掌心向前。一手在後，向後按掖，掌心向後。主要重點，是藉身軀及兩手的圓抱擰轉式，造成腰部與頸項的擰動訓練。腰部與頸項的左右擰轉，一則可鬆活頸椎腰椎。一則可加強訓練腰部擰轉的彈性極限。左右擰轉鬆放的調適，可強化腰、頸擰動韌性，提昇腰背筋肌的擰轉支撐力與耐力。兩手的擺動是加

獅搖功法之一

獅搖功法之二

強腰及頸項擰轉限度的輔助手式，擺動角度要夠，才能達到擰轉效應。鍛練時要練大動作，應用時可小幅度運作。反覆擰轉鬆放，才能對腰頸部，產生緊鬆合度的彈力訓練效果。頸項具有引領功勁向量攻擊的作用，勁源的擊發需能承受多方位，多角度的變化。若勁源引發同時，架構因腰或頸項的擰動不足，造成擊發點偏離，無法達點或力道削減。勁源就會擊發不完全，甚或自體還會扭傷。故此功法除了加強身法腰頸的擰轉靈動性外，亦是在磨練因變能力的機動性。

【熊蹲功法】。功法動作是，兩足前後雁形步站立，前足膝頂扣小腿下插，後『足掌』頂撐內扣。兩手於兩身側向前圓撐下按，掌心向下。平撐按扣的兩掌，帶有向下加壓的神意，將體內鼓盪的作用及筋肌間的悸動，往下沉澱堆疊壓縮。主要重點，是位於脊椎尾端的薦骨部位。要配合髖骨部位下落動作，向前向內，抱合裹扣，狀似畚箕，故謂之『轉斗』。落髖，向前裹薦骨，有助於

熊蹲功法之一

熊蹲功法之二

將腰部以下的脊椎骨拉直，使整個背脊顯得更形中正。提肛收尾閭的動作，是『果』非『因』，正確地落髖，整個提肛收尾閭的動作，會自然就位。小腹亦會自然收攝，一體成形，無需分開做動作。人類直立行走後，脊椎骨在腰椎部位，漸形成略向腹腔彎曲內凹的弧度。上半身的承載重心，多會落在腰椎部位，久而久之，加上不良的行立坐臥姿勢，常易出現腰部脊骨酸疼情形。腰部需直挺而塌，脊骨若正腰必挺直，脊骨順暢堆疊，自然腰塌；薦骨前裹，髖部自然隨之沉落，順勢拉直久彎的脊椎，可減輕脊骨的壓力負載。並將重心壓力適度地轉移至，已向前向內裹抱而下落的髖骨。整個動作，直接採用『人體架構』來安置，好似將上半身自然地安坐在一張四平八穩的椅子上一般。胸圓自然含；脊背落沉，往下堆疊，自然會沉疊至髖部；兩腳尖微向內扣，兩大腿圓撐合抱；手圓撐；神情奕奕而泰然。前後雁形步，是訓練前後膝的頂撐夾扣功能。前膝如耕犂般與小腿部位配合，向前蹉插頂扣。後膝夾扣以『足掌』蹬踩勁源，堅固下盤。透過兩腿膝，瞬間的踩蹬夾擠撐拔，以爆發整勁效能。

透過反覆地上揚激發，沉澱鬆放，提昇彈性密度。將所有勁源的主控點，漸次移轉到兩個『足掌』部位。下盤動作一旦穩實，可改掉以往身體容易上下起伏躍動，及不經意晃動重心的習慣。鍛鍊得宜，體會深刻，自身重心落實穩固，而撐拔的機動性又能隨時提起。猶如機動坦克車般地穩健，滑翔翼般地輕靈。而神意的鼓盪，使無形體積加大，更可進一步地擴大周身圓融感受，展現出氣勢磅礡，氣蓋山河之勢。是以進階性的踮功功法，需瞬間鎖住下盤，以中盤為轉化點。由『足掌』發勁，透過腰背圓融體，形成透通路徑，利用下盤膝髖的彈簧力，產生各種不同力量的變化。形成上下左右前後，不同向量的錯綜離心力，瞬間一體轉化而成。由下盤至上盤，由『足掌』至指端，由內到外，在同一時間內，必須瞬間卡位定著。使身軀呈現完全透空的境界，讓勁力通達無礙。透通是需要鍛鍊的，一如電源開關，在線路完全接通後，電流依透通線路通行，才能一觸開關，燈具即亮。一如火山之蘊釀與爆發，猛烈火焰經透通路線，會源源不絕的溢流爆裂。功勁亦然，其會隨著周身架構通透性的周全程度，飆發迅捷強勁之勢。現今科技中，訊號傳輸，已進展至光纖光速的傳輸速率，相信尚未完全開發的人體本有潛能，亦可漸次激發出，如是不可思議的功勁爆發能量。此人生而俱有的先天本元潛能，實不容忽視。熊蹲功法，外形圓融，內動變化確極為震盪豐饒，是進階功勁往下紮根的主要功法。

【蛇盤功法】。功法動作是，兩足前後雁形步站立，前足膝頂扣小腿下插，後『足掌』頂撐內扣。一手向前吐掌，一手於身側圓撐下按。主要重點，是更深細地調效上中下三盤體用法。前吐掌，向前遞伸的方式，是由落胯轉腰的動作自然形成的。約位於前『足掌』上方，三尖要照，靠的是腰力而非單以手故意指向，或僅向前遞出手掌爾耳。腰胯部位有如身軀的軸承，適以訓練當腰胯部位轉動時，能一體帶動兩手維持不離中、不過中的相互呼應技巧。同時體驗

『足掌』至指端的勁源，於三盤轉換中，仍能保持綿延不斷動態轉化的過程。轉腰時要微坐胯，區隔下盤與中盤之動。兩手交替吐信時，頸項不可隨動，以區隔中盤及上盤之動。然上中下三盤，於瞬間卡位固著時，需能一體成形同時定位。故此間圓融性的軸承轉動作用，就需要經常訓練，以使上中下三盤的協調性，鬆柔機動，轉環適度。擰腰轉動時，整體動作要自然圓融。吐信時，角度要到點，各部位的瞬間卡榫要緊扣。務使功勁引爆，祇有一動無有起落，隨

蛇盤功法之一

蛇盤功法之二

即各歸原位。體會於自然的運作中，吐放勁力，進一步地微調三盤架構。尤其是胯與腰的互動，定需分開轉動。一般人都會不自覺地，腰胯一起轉動，此處亦是最不易訓練的地方。猶如齒輪的轉動，若每一齒輪的溝軌，皆能圓融配合順暢接駁。不但使齒輪之動無滯礙，且空隙間的密合鬆放運作，是齒輪活絡靈動的機制。腰胯間的交替卡榫，鬆放緊扣，其理亦同。周身筋肌骨節的鍛鍊，強調的是要有韌性，且要符合『自然反射』功能。適度的增加各部位的敏感反應層次，強化反射神經傳達速率，每一個卡榫位置，都能適切地形成勁源的激發及緩衝區。練武要活練，不是一味地強化筋肌，死硬鍛鍊的結果，會造成違反自然生理架構的副作用。三盤鍛鍊各具深意，整合為用切勿輕忽。

功勁整體慣性的發揮，是極細微精緻的，火候做得不到家，就會有所偏失。定步動作，全身整勁的瞬間定著，較易有所體會。動態行走，上中下三盤隨時處於變異中，常會使架構變得零散，有如未上緊的發條或螺絲，鬆散而不協調。如卡榫太鬆，角度不對。卡榫太緊，力量受阻。勁力凝著不前，就會無法發揮。故定步作功時原本正常擊發的動作，一旦活步動作，常會散佚不齊。這就是全身整體一貫性，尚未形成慣性，仍無法隨時隨式瞬間串連之故。此需反覆不斷鍛鍊，使各卡榫部位，都能熟悉在動態時，所扮演的重要角色，缺一不可。吞吐鬆緊皆要合宜、合時、合境，多一分太過，少一分不足，過與不及，便達不到整體一致性的發揮。精益求精，就是要鍛鍊全身透通一貫性的火候。要練得熟，練得純，練到一觸即應的層次。習武必須切合實用，嘻戲玩笑，隨時皆有危機上身，務需慎思習武之動機。人體反射機能，極具彈性開發潛力。互動式的「開元先天勁」實證功法，於訓練不同個體的潛能本質時，其精細的迭動過程，所產生的不同感受與心得，絕非筆墨言語足以形容。猶如杯中飲水，除冷暖之別外，甘甜苦澀，需自品味。是以實證功法之理論，必經親體身受，方知箇中醍醐。除此以外，泛為空談，唯恐落入不切實際之虛幻境界矣。

鍛鍊基本功法，調適機能時，切需明其作用，及所鍛鍊部位的機能反應，絕不可違反人體自然生理架構。若強制疲乏筋肌，衹會徒然消耗精力爾耳。鍛鍊時，若於功法無益，且對己有損，則需慎思檢討功法的謬誤之處。余之教習，以功勁奠基為主，功操架式為輔。鬆活組織之基本功法，是為調適已被遺忘的人體本能部位。並非磨蹭體能的操功，耗費精力。符合自然原理的生理架構，是最適切激發人體原有本能的基礎。一旦啟發出本能，功勁鍛鍊，層層築基，較易於進階。如火山之源，不假它途，一經觸動，威勢必隨觸映射。如若生理架構生澀滯礙，筋肌不得順暢通透，則功勁泉源，必將無展露之途。是以成就功勁，端賴習練者調適自身生理架構之悟性而定，亦依個人體質殊異，而有教習上的區別耳。

隨師點化，雖可覓求捷徑，然己身之悟性與恆常耐力，亦極重要。「開元先天勁」功法奧妙，本在自身，若不深究試煉，耗費光陰，實於己無益矣。由於每個人的悟性與膽識不同，故領悟有快慢之別。但仍有方法可提攜，不同人適用不同的引導方式。是以實際的引導、試手，是最好的教學方法。其次，不能僅止於定式鍛鍊，還要讓學生們相互試勁、餵勁，且需不斷交錯不同的試煉對象。使體會多樣化，加強應變能力。由於每個人的悟性與體會不同，交錯試煉，交換心得，從中吸取不同體驗，具多重益處。人是活體，對手不同，觸感亦不同。同門間，透過不斷地相互切磋，均能很快地調整出，最佳的架構與動作，而有明顯的進步。「開元先天勁」的教學法，深具次第系統，內涵深遂，饒富趣味，依次第鍛鍊，多能有成。部分習者，帶藝習練，常因一時無法放下過去的不當習性。如以丹田或足跟發力，或凸腹翹臀，三盤不明等，故不易體悟。以過去錯誤習性之包袱未能拋除使然，反而進階較慢。然一旦體會箇中奧妙後，都能一反常態快速進階。

「開元先天勁」，藉『人體架構』的應變機能，即足以禦敵，使之難以近身，且一觸，對方即被拔根騰飛。如『足掌』作用，可將對方的力源下引化除，使之無從發揮，即是人體功學原理的充分發揮。是以鍛鍊過程中，不斷地親身實體驗證是很重要的，才能切身體會出架構即足以應敵之奧妙。實證科學，是指同樣的實驗理論方法，以相同的假設數據，在不同實驗室中，皆可被反覆印證。功法實證亦復如是。功法試煉結果，不僅為師者可驗證，凡依法習練而成之傳習弟子，皆可印證，是之謂矣。科學需經驗證，武術的功勁更需經過實證。武術之為用，原為防身禦敵而設，非為演藝而生。凡臨陣絕無緩手餘地，未經實證，遇敵不知應變，空有形法，確無用武之地，仿若未學。往昔所花時日心血，多成白費，甚或不如未學者，奮勇力拼之氣魄。實證功法，不但要實際體驗功勁在向量與速度上的千變萬化，還需培育與人對峙時的臨場歷練，強化人體臨危腎上腺素分泌時的整體應變能力。調適體能到無時無刻皆能保持匀穩安逸，動靜皆然。不驚慌，不猶豫，神意炯然的境界。化『形、法、功、勁』為人體『自然反射』能力之一，不需再有思慮時差。一旦觸及，即能任運自如地升起自我防禦本能，才能達到辛勤鍛鍊武學的實質目的，而非僅止於一般體能訓練耳。

「開元先天勁」，是運用『足掌』與地面作功的力量，不在身上著力。跓功功法的鍛鍊，是從深廣細微層面，全面性提昇整勁效能。『人體架構』充分透通，才能使『足掌』到指端觸點的內部中空體一路暢通，發揮勁爆速率及能量。如行駛於無轉折障礙的高速公路，極利於車行速率的加速般。「開元先天勁」，由『足掌』主導發勁，以球體作功渾圓滾彈，主宰悸動反應，有如彈簧般連續不斷，綿延不絕。引力發力，更可透過意識主導，瞬間形成『六合錯縱』勁源。凝聚上下左右前後，四面八方的功勁向量與精純度。於全身整勁架構中轉化成離心動力，微動『足掌』，即可產生效益倍增的功勁爆發力。

「開元先天勁」功法，極為奧妙。習練者應拋祛肢體的後天習性，經常與身體的內外感受互動，體會皮肉骨觸點與神經反射機能的傳導訊息，抓住訣竅，啟動自身的爆發性潛能。整勁功法，不在外形套路上著眼，而是策發人體潛能。合乎人體自然生理架構的功勁鍛鍊法，不但可提昇己身量能，且有軌跡方法可循，漸次引導即可深入。是從師與弟子，依法實際可追求得到的力學、功學及科學原理。不是氣功，不用丹田，源自人體本能，極為真切實在，且適合多種武術或體能運動的量能啟發。最重要的還是要有正確的下手功法訣要，基礎功法下得深，提昇整勁效能，必能迅捷有成。

# 『自然反射』機能

「開元先天勁」，功勁純淨淬瀝，發於『足掌』，一體透通，直達指端，一以貫之，故對整勁功法的鍛鍊要求極為嚴謹。無論是下手功法奠基、應變機能試煉、臨場實戰體用，均要求做到整體性效益，並不斷於過程中提煉精純度。人體本具有對抗外來侵襲的『自然反射』本能，回歸人體本能，就是要將功勁鍛鍊，淬煉至成為自身的『自然反射』機能。「開元先天勁」，藉助來自地面最堅實的作用力，即時反應人體自然生理架構千變萬化的瞬動，絕非套招形式的拳藝，足以因應者。如，僅習練套路的練家子，有時亦難抵地龍輩的勇武亂拳。原因就在於這些未練過拳術者，於對峙時，絕不會採用套招方式因應，全憑體能反應拳打腳踢。有時其對未練過拳者，僅給予輕罰警告，若遇練過拳者，反會大肆飽拳，此絕非戲論，不可不慎。『形』，是拳藝的外形練法。

『法』，是鍛鍊的準則方法。『功』，是鍛鍊過程的累積成果。『勁』，是全身一體作功的自然法則，動靜起落必皆根源於自然反應。「開元先天勁」，深具物理力學與實證科學之原理。然要鍛鍊出迅捷而自然的機能反應，最好的方法，就是將功勁鍛鍊，融入到人體最自然的神經反射機制內。反轉後天習性為先天本能，練就觸手驚彈技能，並進一步地強化人身與大自然的互動關係。

拆手套招是欲使拳法趨於熟練的方法之一，適於同門間的對練或演藝，不適於實戰。實戰時，是絕不容許對方有輕易近身或觸身的機會的。實戰對陣，臨場反應最重要，心不懼，膽不驚，出手必要穩、準、狠。完全靠身體『自然反射』動作，不容對方有還手之機。應變時，若腦中仍在思索，該出何招應敵，稍一遲疑，即現敗勢，反予對方以可乘之機。一般人在試手時，一則是缺乏危機意識，不知對方隨時有傷己的能力。一則由於極少臨場受訓，於兩人互動時，常會遲疑或膽懼於活體對象，而不知因應之道。故於試手過程中，多未能真正體會功勁的實質威勢及後繼威力。此即是長久以來以非為是，導致拳法不彰，拳藝不精的錯誤觀念。余曾與人於對峙試手時，實際點打在對方身上，使對方感受深刻，然對方確以未依遊戲規則之論，發不服敗勢之言。試問，試手祇是點到為止，確仍分不清敗績圮勢，祇一味爭論形式與規則。若真的實戰對峙，臨危對敵，誰與之論遊戲常規。如此不知命之將危，無危機意識的習武者，實為荒謬至極。

練功，練的是實證境界的提昇，不是體力或時間的耗費，絕非以汗水或所耗時日來論功力。真正用心體悟功法者，是以鍛鍊全面性點、線、面的功勁境界為主。武術是需要經過不斷體悟實證的拳藝，是由視、聽、觸、意等機能，瞬間凝結而成的精密動作。明瞭不等於有所體悟，體悟不代表已得驗證，驗證亦不表示具有實戰能力。務需確實體悟功勁的特性，方能發揮所長，不斷有所改良及強化。功法進階，每一階段皆有磨練的過程及目標。如火之為物，見其光不知其熱，體其熱確不知何以為用，實際體用後，才能驗證火於不同用途下，所展現的效果。鍛鍊功勁的過程亦如是，必須逐步體察秋毫，親身驗證，融入己身。應敵時的反應動作，是『無招勝有招』的實質表現。拳術練得純熟與否，就在實際對峙反應中驗證。拳經背得再熟，套招套的再美觀，多易落入空談。必須將功勁融入自身的自然反應機能中，才能以不變應萬變。一如捕抓狗、貓等動物時，貓狗會竭盡所能地擰動身軀，不為所制，這就是動物自身的自然反應本能。紙要對方具有危機意識，絕不會聽話地配合套招對打。既然是反射動作的因應，必是全身備戰狀態。而不符自然人體結構的肢體動作，是無法隨機應變的。套路招式，因祇能發揮局部動作，有時反會導致力點死角，形成敗勢。實戰經驗，是由穩實功力基礎與臨場應變試煉，相互搭配、運作累積而來的。口舌論藝，自我陶醉，紙上談兵，常是功法退步之因，易招失敗之果。

「開元先天勁」，突破許多原本人為所做不到的成效。如以極小的作用力，即可將體積質量倍於我者，輕易爆發擊飛出一、二丈遠。這與兩手負抱五十公斤之物體，拋丟而出的困難度不同。另打破過去的思惟方法，勁源直接由地面產生，不在身上著力。全身架構是通透的，且反向擊發力，可形成倍增於原抗力者，甚或可達人體質量數倍以上的力道。功勁鍛練，定要啟發智慧思惟能力，不斷地用心體悟，常與人相互驗證。由失敗的經驗法則中，增益己所不能的領悟。相對性地，充份了解作功者與被作功者間，對驚怍動作，所產生的細微本能反應差異。如『應手』沾黏，一旦補捉到對方的著力點，對方會有如觸電般膠著放不掉，我隨即將其力引下串上，瞬間爆發『足掌』勁力擊發之。而對方所感受的是洶湧而至的爆發威力，腦中一片空白，幾無招架餘地。要形成如此的隨機反應，全身整勁通透性的鍛鍊，極為重要。需練得純熟靜淨而無時不在，一觸即可通透傳導，不必刻意為之。能融入自身『自然反射』能力的

「開元先天勁」進階功法，即是在功勁鍛鍊基礎上，透過【找勁】、【引勁】、【試勁】、【化勁】方式，循序鍛鍊，並不斷地與身體架構互動、調試，逐步訓練而成。

【找勁】，是透過『人體架構』鍛鍊，找出如何透過『足掌』的踩蹬磨蹉方式，利用對地面的作用力，來擊發整勁勁源。『找』，是於進階功法所引導的所有『人體架構』鍛鍊中，用心務實體悟，探索功勁的源頭、路徑、起落及動向。找到勁源火苗，要

站跓找勁

學會點著它，控制它。行徑路線有阻礙，要學著打通各個關卡，中斷處要連接，緊鎖處要鬆柔，開合處要收攝，壓縮處要屏展。何時該起，何時該落，何處應虛，何處應實，處處皆是學問，點點皆是心要。『找勁』，一定要自己用心思尋找挖掘，不是用體力操練。重點在細心體悟探索。在有疑處不疑，在不疑處有疑，奧秘微乎其微，皆在其中。聽取或懂得他人的心得教誡，仍是理論階段。務需親體實悟，才能成為自身任運的法寶。如栽種禾苗，不可揠苗助長，亦不可懶除蟲草。每分成果，皆是自身努力體悟而來。鍛鍊功勁需如此，人體潛能的激發，亦需如是。是故透過『找勁』過程，不但可逐步提昇勁源的精純度，亦可漸次激發人體潛能，開拓生理架構之外的另一層深邃領域。要以『找勁』探究功勁的箇中真諦，需融入充分的悟性與智慧，先跨過功勁入門台階，方能銜接進階功法的鍛鍊。究理與研發是互動的，好高騖遠或不知變巧，皆是進階之礙。是以為師者，亦時有『非其人不能教，非其人不能學』的深切感慨。切記實證歷練時，絕無緩衝餘地，故習練者鍛鍊身心必須要有『台上一分鐘，台下十年功』的充分準備，培養完善的功勁基礎、技法、膽識與氣魄，切勿放逸或投機取巧，方能深入功勁堂奧。

追尋功勁法門，是武術習練者必經之路。與系出何種門派，或練就何種套路無關。「開元先天勁」，透過『找勁』法則，是最快速且最直接，啟發人體自然生理架構機制的不二法門。不練功勁，所習套路多華而不實。功勁基礎上身，則任何套路，皆是吾隨手可拾之運用技巧，且立竿見影。余一再強調，實戰對決，絕無情面可言，一招兩式定局面，立分勝負。不花俏也沒什麼看頭，沒有講好套路或拆手的友誼賽，亦無制式規則下的演藝表演競賽。演藝非真正的武術，真正的功夫，交手立見真章。不具表演效果，亦絕不似電影武打或表演競技般花俏好看。未曾包裹糖衣的技擊武術，是會讓部分習者，對現實中的武術失去興味的。然實際奠下功勁基礎者，在樸實中，才得以親體實見，武學無限寬廣的領域。功勁之所以可終身追求，其理即在於根源於自然生理架構的人體潛能，精密穩實，變化無窮，綿延不絕，且可持續性地開發。是以習武者，要認真思考自身習拳的目標與方向。要學到一門真實不虛的武學，要有『好際遇』、『好老師』、『好同門』及『好環境』，還要擁有能虔誠以求與慧心體悟的誠摯敬學心態。務需腳踏實地，從跓功鍛鍊，由『找勁』下手，根基紮得深，再要熟悉各門各派的拳法套路，宛如囊中取物。若功勁根基未成就，無法將功勁納入本能反應中，縱練百樣套路也是末枝虛華。切需『慎思明辨』而後『篤行』，把握一門深入的原則。明辨『武、藝、體、驗、證』等階段的歷練，方是武學立基之道。

【引勁】，是引導『足掌』勁源節節向上，逐步穿透全身整勁架構，通達末端觸點的鍛鍊功法。此階段需結合架構鍛鍊，將所有的滯礙點不斷修正調效。三盤部位各別調適後，還要反覆進行一以貫之的整合。可透過『擎天跓』或

『虎躍功法』，訓練自我導勁。亦可由從師或同門師兄弟，對己之末稍指端觸點，施予適當的壓力。透過實際的受力感受，使『足掌』及『人體架構』，體驗引勁上行的實體成果。同時檢測各部位機能訓錬後的差異、優劣及整合程度。不斷進行『人體架構』的調整與修正，以達到全身一體透通，功勁可瞬間引發的境界。

【試勁】，是檢測發勁的向量變化。勁源透過引勁，已可由『足掌』順暢引導至末端觸點後，初時，由

站踁引勁

『足掌』至指端的透通路徑，仍是單向作用力。一旦觸點抗力有了偏叵變化，單向力亦容易落空，甚至使自身失重前仆。故可透過踭功鍛鍊，訓練不同向量的因變能力，及常態性穩固重心的技巧，體會動態形式的引勁及擊發方法。試勁，可透過與從師或同門師兄弟，實際『應手』對峙的感受，體驗各種向量變動時的因應之道，及全身整勁的變換技巧。累積經驗，以驗證多方位擊發效能。

【化勁】，是於功勁擊發的試煉訓

站踭試勁

練後，反向加強防守技能。一則是化除外來抗力，引勁落空。一則是要將功勁火候，融入自身反射神經系統中，蘊育自然反應習性。實際對峙時不能輕敵，定要假設對方也有功勁擊發能力。故吾必須提昇自我功力，先行預備，隨時得以因應的應變之道。

既然對方亦能產生多向量的發勁變化，一旦吾身受到功勁抗力，應如何進行轉化。此與功勁火候鍛鍊層級，有相對性的關係。轉化者，即是不用逼迫或強硬方式抵抗，而是透過導引

站踫化勁

方式，順勢利導，將勁化除。甚至可進一步轉化為吾之蓄勁量能，反向擊發。化勁時，人體的基本防禦架構，必先能穩固堅守。如手法上的肘部節點，仍不可被任意侵犯。定要有高度的危機意識反應，顧守好自身安全領域。然一般所謂的化勁，並沒有這樣的危機意識。常讓對方的手法，侵入胸腹後，再強調以轉腰、後蹲、下蹲或上半身後仰的方式來化解。諸不知，有功勁基礎者，一旦有機會觸身，就會馬上發勁貫入身軀，根本不留轉環餘地，這是極為危險的動作，已失去化勁的真意。

化勁，是要把抗力化除，但不是貼在身上化。而是靠觸點聽勁，將對方的功勁抗力，直接引導至『足掌』。由『足掌』下的地面直接承載，避開瞬間被震彈擊發的任何可能性，絕非用身體負載。其次，要能適時反撲。利用承載抗力賦予地面的作用力，相對產生的反作用力，形成蓄勁迴向反擊。祇化勁而不反撲，仍是處於被動之勢。故需反客為主，蓄勁反擊。蓄勁，可自體作功產生，亦可由所受抗力反向產生。若再加入腿膝夾擠效應，此力道會大於或等於對方原先賦予的抗力。蓄勁一起，透過全身整勁的透通架構，即可瞬間引爆，直透觸點，擊發功勁爆發力。對方因抗力被吸收化除，著力點消失，重心已然不穩，又瞬間受到反制的功勁爆發力，必會被騰飛而出。引下串上的化勁功力一旦練成，需反覆熟練之，以融入身體『自然反射』神經系統，逐漸強化反射神經的機動任運性。使吾身一旦受到任何型態的力源攻擊時，都能自然而快速的化勁、蓄勁，反制擊發，具備處處皆能『觸手驚彈』之勁爆反應。

「開元先天勁」的功勁鍛鍊，可改變一般人的後天習性。以往的拳藝套路，在套招過程中，常是以單手或抓、或拉、或帶的方式抓扣對方，再用另一手以單向力攻擊。如左手拉右手打，右手拉左手打。單向力道其實是很弱的，且往往套招時，做示範的對手是不做反抗動作的，此種非對等式的套路練法，會誤導學子。僅適用於一般不懂武術者，或常以大吃小、以壯欺弱，以長欺幼者，才能發揮作用。兩手分別一前一後擊打，有間距時差，被動而不積極，並非武術原貌。在過去，武術是用來防身護衛家園者，真刀實戰下，實無有喘息餘地。擊打無效，隨即被打，甚或喪命。是以真正的武術技擊，絕非套招式的演藝。應如獅虎豹狼等動物遇襲、打鬥或獵食時，會直接以本能快速反應般勇猛，充分展現強盛的實戰體性。一般武術僅教習套路，多無實用功法鍛鍊，即使習練多種套路，僅是彈跳動作靈活爾耳。實際遇敵時，確仍無法立即因應。

武術。武，為勁與力的表現，術，為學習勁力的方法。古人習武多以鍊得孔武有力及足以應敵的實戰技擊為主，原不以套路為目標。套路又稱武舞，原是供宮廷慶典或歡唱娛樂時之用，其發展沿革，過去已討論過，此處不再細論。「開元先天勁」功法，主在鍛鍊『六合錯縱』式的『觸手驚彈』，兩手需同時虛實相應，相輔相成。猶如打蛇隨棍上，應變緊隨，不丟不頂。鍛鍊武術，要求『練時如有人，用時如無人』，且要以對等方式相應。不可放逸輕敵，功力才能節節進昇，精益求精。武學就是要能訓練出人體的『自然反射』機能，觸左手，右手必至，自然地向觸及點即時反射，無需刻意作功。有如擊蛇首，蛇尾必應，擊蛇尾，蛇首必應般。又如兩方對峙時，對方拉我，我不但不閃避且隨即往前相應，此與一般人的拉扯閃躲反應不同。對方拉我時，作用力是往其身後帶動的，若此時的作用力是往其身後拉帶五十斤力，而我於同時調整觸點隨順趨前，再賦加予五十斤力，則對方瞬間需承受百斤力道，會不勝負荷地向後失重跌出，無法抵禦。吾並未花費拉扯力量，對方即已失重跌仆。

一般武術，攻擊對手時，喜用弓步力頂，多半前腳落實，以後腳前蹬。此架構已呈現『形破體、力出尖』狀態，易為對手所制。「開元先天勁」一改此種習性，以雁行步為主。後『足掌』主控，前足虛置。一旦對手來襲，可迅速變換方向觸點，虛者實，實者虛。不作虛應閃躲退架，敵手一動，反往前進，直搗龍門，直接勁爆，氣勢威猛，銳不可擋。由於功勁練就於身，功法紮實，藝高膽大。且能充分瞭解對峙雙方的人體反應變化，即可輕易地掌控對方重心所在，一反後天習性，使順勢利導的攻防效益，無往不利。『應手』時，兩手陰陽纏化，虛實牽制。一如水中按瓢，瓢之動，靈活應變。沾實即吐，爆發整勁，猶如點燃炮彈般，一爆沖天。敵不動，吾不做無謂動作，敵欲動，我先動。瞬間沾實其著力點，手起身步追，賦予對方如驚濤駭浪般的威嚇力，使之無以招架。「開元先天勁」之「功勁檢測法」，能於觸手發勁時，直接檢測功勁向量威力，驗證功勁成就層級，亦有助於即時調試並增益，整合性功勁的基礎與技法。

習練武學，不是用來恃技欺人，要服人而不傷人。尤其是運用以功勁為基礎的「開元先天勁」功法時，服人技巧，即是於沾黏聽勁手法中，運用陰陽虛實變換的『應手』技法，適度地使對方體會到，已被拔根失重，左右顛覆，無法立足。然確又不知為何站不穩，為何根會浮動，為何會失控，完全摸不著頭緒的狀態。以技服人，相較於直接觸手驚彈的擊發，需擁有更高乘的迂迴技巧。訓練沾黏聽勁功法時，亟需用心體會，應常反觀自身堆疊壓縮密度及透通性的最佳狀況，不斷地往深細處做適度修正。亦需細體對方受力後的動靜反應及衝擊變化，累積活體試煉經歷。試勁，祇是測試功勁力道的剛猛威力耳。然一般人因從未看過此種能瞬間爆發的勁力，故其驚嚇程度，常有如被由高速行駛中的汽車撞擊般，腦中瞬間一片空白而呆滯。感受極為深刻難忘，確又能心悅誠服，感嘆功勁威力之精妙程度。拳法，乃增益動作靈敏及應變技巧者。然若無功勁基礎，則巧變亦無從立足，以根基不穩，何足論巧哉。未究理的象形鍛鍊，常會有畫虎不成反類犬之疑慮，甚或有導致自身運動傷害或危險的可能性。習武過程中，習練者務需務本較技，細察體悟，功勁進展，必能如虎添翼。是以追溯拳理本源，體悟心得成果，是反覆驗證所學的重要步驟，亦是崇尚武學者的必備功課。

「開元先天勁」，以神意導引方式，充分運用身體與大氣壓力間相互壓縮的對峙力，來鍛鍊身體反射機能。如身體在水中行進時，感受周身所承受的水阻力般，藉四面八方的空氣阻力，來鍛鍊肌膚與肢體的敏銳觸感。要訓練反射機能，【首先】，需先能化除抗力，具備可將抗力引導至『足掌』的功力，快速地吃掉對方的作用力，拔其根使之失重。這種自然反應功力，要隨時呼之即來，放之則去。【其二】，要能順勢引發蓄勁力，亦即能順暢地掌控『足掌』之於地面的作用力，隨時產生反向蓄勁力，自然而任運地引爆勁源。此時對方愈用力，抗力愈大，瞬間被彈飛的距離會愈高、愈遠、愈劇烈，摔仆得也愈重。【其三】，要練就彈簧體效應，能順勢擴大己身運作體積，框住對方，納對方為我的一部分。吾身則自然呈現為一種能承受壓縮力的彈簧體，使對方好似在對一個彈簧做擠壓動作。而吾身則透過『足掌』掌控，要能隨時彈放壓縮後的能量，使撐拔而上的爆發力，迅達指端，迅捷而威猛地將對方彈出。這些必備條件一旦聚合，藉由生理架構的堆疊，身體壓縮密度的強化，自然形成可反覆高壓加密，而又鬆放自如的通透中空體。讓整個勁源爆發管道暢通無比，絕不於身上形成拙力。

當整勁效能，訓練到能隨順地自然運作時，動靜之間，反射機能自然能成就。身體的每一觸點，皆可承接來自各方的抗力，隨即引下串上，透過『足掌』悸動，立即產生反制效應，爆發勁力。步步進階的功法鍛鍊，好高鶩遠求不得，向外希求亦無有。惟有悉心反觀自體身心變化，啟發原有的先天潛能，身體的記憶才會刻骨銘心，常隨不離。遵守功法次第是很重要的，猶如拾階登樓，祇要有一層階梯不紮實，都會成為上層階梯鬆垮的危機。一旦罔顧基石的重要，待發現後才想要回頭補強，可能要花上數倍的時間與精力，是以習者應依次第確實打好功勁基礎，切勿急躁妄進。

「開元先天勁」功法，若能融入人體的『自然反射』機能，則觸手驚彈效應，幾成隨手捻來之勢。觸手驚彈，瞬間擊發，各部位卡榫緊扣要同起同落，無有起落先後。『足掌』至指端，猶如一體，已非分隔甚遠的兩端。功勁一觸動即達點爆發，如電閃雷霹般，迅雷不及掩耳，祇有一動，是為兩點【不二論】的具體表現。觸手驚彈的功力要能做到一而不二，需配合圓形球體的滾動運轉方式。將體內的中空球體，進一步地擴展開來。使起點即是終點，終點即是起點。以圓為中心，變化速度才會快，一體連貫，無二無別。善用球體圓切面及切點的特性，形成周密嚴謹且蘊育功勁爆發威勢的作功體。動作一旦有起落先後，即有間歇性滯拙時段。尤其在臨陣『應手』時，勝敗常在一瞬間，絕不容有些許動作的停滯。有滯必予人有可乘之機，切勿輕忽。與對方觸及時，要能切實地沾黏住對方，探知對方的著力點。或直接賦力壓迫對方，使之產生反抗作用的著力點，有利於吾瞬間沾實即吐，引勁擊發。

圓形球體的作功點，不在手上而是在『足掌』下。全身整勁，猶如一周嚴的圓形彈簧體，無論力點來自何方，皆可有所作用，保持動態應變的最佳狀態。是以吾身一旦被觸及，都能瞬間自然地，從不同方位角度產生變換，將抗力引到『足掌』下承載抵化。並藉『足掌』的磨蹉微動，回以驚爆彈力。不限掌或指端，凡具圓切點特性的節點部位，均可成為爆發觸點。是以，「開元先天勁」的整勁功力，練就人體有如極具韌性的彈力球體，或高密度的彈簧體般。每一觸動皆能自然地產生，瞬間而即時的相對性作用，隨呼即有，自然成蘊。然人體深邃潛能領域，實無限寬廣。是以習練者，若已練就觸手驚彈，可任運擊發的反射機能，仍期能不斷地精益求精，更上層樓。動之以神意，長養氣魄，進而與大自然的氣流運轉、磁場波動相互呼應，適足以擎起蒼穹，憾動山河。若能於高層次意境中，加強神意內動力的開發，於細微中求變化，持續導引人體先天本元潛能之量能，不斷地提昇與突破，當能啟發出不同邊際效益的功勁體悟，練就『形動不如意動，意動不如神馳』的境界。

# 『應手』功法鍛鍊

「開元先天勁」，融入『自然反射』機能，能隨時機動性爆發勁力，此時練就的是自我功勁成就。必須要再進一步地串習，對峙時，與他人互動的各種動態技巧，實際鍛鍊精確無誤地達點擊發率。武術是互動狀態的呈現，無法隔空或懸空打人，不曾接觸，相互沒有著力點，是無法擊發功勁爆發力的。一如炮彈，若無炮管支撐和可提供鋼針撞擊的著力點，是無法順利被擊發的。與對手接觸時，一般而言，自然反應會先以單手或雙手向前主動『應手』，迎接對方來勢。於相對距離下，先探察敵意，不會直接用身體去頂撞靠觸。於是兩手的觸動手法與應變能力，便具有防禦第一道防線，關鍵性的重防地位，故需加強訓練敏銳的聽勁識別能力。『應手』目的有兩種，一則用以訓練沾黏纏化的聽勁技巧，為的是能確實而主動地掌握對方的意趣動向。一則主在應敵，一觸隨即瞬間達點，沾實即發，直接爆發勁力。功法技擊絕非演藝或遊戲，如何能隨時隨地，防衛禦敵，是鍛鍊武術的目標之一。『應手』，除非是同門間試煉，可反覆試手修正，否則仍以制敵為先。靈敏巧變手法需不斷地訓練，然應敵技法的運用，確祇在一瞬間。

掌握制敵機先，首要核心重點，是於『應手』時，務必先動搖其重心根源，使對方失重，偏離中線。人體的體型質量特性，大致相仿，兩手兩足及直立的身軀。故對峙時，不應有對方祇用單手招架的假設狀態，而體重質量的差距，則可用爆發力的相對量能來因應。切記人是靈動的個體，切勿輕忽對手的能力，每個人都有爆發潛能。尤其是臨危受威脅時，基於護衛自身安全之故，對方會有即時反應危機的先天本能，絕不可認為對方會不做反擊地任你擺佈。故應如何在手法上，掌控主導優勢，是「開元先天勁」進階功法中，所要鍛鍊的重點。如不丟不頂的沾黏與不即不離的纏化手法等。『應手』掌控，並非緊抓著對方不放，而是以帶動方式，牽制對方軀體的重心，或虛或實，交替變換，故需先行熟悉『人體架構』虛實、陰陽、吞吐等應變反應技巧，知己知彼，才能隨觸即變。要能不斷地牽制對方，手法必須要有靈活的迂迴空間，故應以『沾黏』為要，『纏化』是導，虛實盤轉，『捌手』是用。且需練到無所為而為地，聽勁辨意，任運帷幄。訓練沾黏纏化的應變手法，目的是在明確地聽取對方的動向，主控制敵。重點在主控對方的重心，而不是玩手或隨對方晃動。一旦導引出對方的著力點，取得沾實之機，或動其根基，或瞬間爆發勁力，帷幄間鬆放自如，使『應手』手法於動靜順隨中任運自如。

『應手』時，需先齊備全身整勁效應，整合手起、步動、身移的多重技巧，以神意貫之，同時催動手、身、步、勁。若『應手』技巧運用得法，在無需引動功勁爆發力的情形下，對方軀體的生理架構反應與重心所在，即應完全為我所制。要他「起」不得「落」，要他「落」無從「起」，對方攻不得，也脫離不了，幾乎一疇莫展，無用武之地。服人以動其根基為主，攻伐以震彈發勁為用。對峙時，不論服人或攻伐，均需先確保自身重心的穩實中正，再以球體運作的『足掌』作功，渾圓滾彈，操控上下左右，四面八方的功勁向量。透過全身整合透通性架構，帶動『應手』手法變換，引力發勁，動靜變幻，皆由『足掌』統籌收放原則。「開元先天勁」針對『應手』技法的訓練，是以【沾黏搓揉】及【陰陽兩儀】手法為主。而於運用上，則依次第有【黏手】、【纏手】、【盤手】、【搁手】之應變技巧鍛鍊法。『應手』時，若全身整勁架構未先練就，沾黏纏化等手法多會落於形式，無從發揮。若根基不穩，僅習會手法外形，不但無法帶動對方的重心，自己反而會先失重傾倒。故鍛鍊『應手』技法前，需先奠定應有的功勁基礎。『應手』操控，內外手應相互呼應，沾黏聽勁，虛實動靜，陰陽吞吐，順其動而動，不做無謂之動，不貪不歉，不即不離，時時掌握主導狀況。

【沾黏搓揉】手法，是鍛鍊兩手掌，以掌座、掌面指緣底部的掌肉部位，及手指末稍第一節指肉部位，與對方手臂沾黏時的觸覺敏感度。掌心虛含，虎口撐開，配合全身整勁架構作功效應，以掌貼附於對方手臂，沾聽其力道與重心動向。沾黏時定要輕含，發勁時才需沾實。『聽勁』，是憑藉著兩掌觸點，由『足掌』感受並承載對方的力道大小及方向變化。識別敵意輕重，或沾或黏，若即若離，不丟不頂，保持輕靈而又綿延不斷地的貼附狀態。對方若未施力，吾即以雙掌賦加圓撐力虛實按壓之，使對方感受吾圓撐力之脅迫，相對性地頂出部分力道，自然形成與吾手沾黏貼附，由我掌控，不使之離。對方若施力，吾則以雙掌輕沾搓揉之，或擎、或撥、或扣、或按、或捋、或扭、或捩、或擰、或轉、或穿，以力學向量原理，轉移掉其部分力道。使對方仍祇能以相對性地部分力道，與吾手自然形成沾黏貼附，由我掌控，不使之過。『應手』時，要能充分掌控不即不離，若即若離之勢，手法訓練定要練得靈巧敏捷。故

沾黏纏化之一

沾黏纏化之二

沾黏纏化之三

沾黏纏化之四

需先經常性地，自行鍛鍊指掌腕肘臂的擰轉運作，如『捲扣手指』、『轉擰手腕』、『按扣摩搓』、『揉搓手臂』，以加強沾黏搓揉手法，於操控時的細膩程度。且務需恰如其分地沾輕，絕不可抓扣，抓扣會產生抗體，反會受牽制，亦不可鬆放，鬆放便無法掌控。

【沾黏搓揉】手法的主要目的，是牽引對方重心，是動根，不是拉扯。整個圓撐力的運作範圍，仍需留置在對方身上，力量是向前的，不可往自己身上回拉或回扯。對方一旦被瞬間拔根，會有突然踏空樓梯般的驚嚇感。其瞬間反應，會想立即攀抓住支撐物，以避免倒仆。而攀抓時著力點會落實，吾即可乘機沾實即發，爆發勁力，使對方瞬間騰飛而起。是以，無論對方施力的方向大小如何，吾之手法均能以圓撐力，維持一定程度的沾黏纏化，不因其力大而頂撐離手，不因其力小而放逸鬆脫。反覆調整回原相抗力道，維持不丟不頂的主控權。

『聽勁』技巧，常需透過從師的餵招引導，以『足掌』細體對方力道的重量、方向及來源。手法的因應與『足掌』的聽勁，需如磅秤過磅般敏銳精密。隨時能感覺，並秤量出對方力道的向與量。『搓揉』手法，是以指掌沾黏對方的手臂進行搓揉轉化。力道要恰到好處，不輕不重，僅搓動其皮而不帶動其骨，亦即採用『皮骨分離』法的搓揉方式。皮骨間有一層極微妙可挪移的緩衝層，一般人在拉扯時，常採用扣抓方式緊扣手臂。深扣及骨時，會連同肌肉一起扣緊，而手臂與肩胛緊密相連，無形中造成需帶動整隻手臂及肩胛骨，故扣抓拉扯時，會變得極為吃力。此抓扣方式，雙方多以拙力相頂拉扯，所花力量需倍於對方才能奏效。故扣抓式帶動法，以力拼力，常是吃力而又不易見效的手法。而力大者勝，亦非習練武術的真意。

『皮骨分離』是「開元先天勁」獨特的搓揉功法，是以兩掌的末稍指肉、指底掌肉及掌座部位，輕靈地作用在對方手臂的皮膚上，透過揉搓手法牽動皮層，運作皮骨間的緩衝層。此時，若對方的手臂骨欲後扯，因皮骨相連，而皮已被沾帶住，不得不隨被沾住的皮牽動，而抽離不得。此原理，如同孩子以小手，拉住大人的衣角或袖襬，而不實際抓住大人的身或手一般。一旦開始拉扯衣角或袖襬，既使孩子的手力不大，但大人受此牽絆，仍會往其拉扯方向移動。否則亦需花費較大的力量，方能帶動衣角或袖襬回拉。是以沾黏手法的技巧，是輕靈而適度地貼附於對方皮上，牽動皮，自然而順勢地帶動骨。對方因皮被沾黏住，脫逃不掉，骨肉筋肌勢必要跟著移動，極易受牽制。『皮骨分離』的搓揉法，運用全身整勁架構，以『足掌』發動摩蹉效應，進行整體性牽制，而非僅以兩掌兩臂膀帶動。若對方想要反抗，需使用很大的拙力，才能連骨帶皮一起回扯。其所對抗者，是吾全身整勁所形成的制衡效應，故難度倍增。而皮骨間的緩衝層，本是滑潤鬆軟而不易控制的，會更增添其抗拒難度。

要掌控皮骨間的緩衝層，需透過沾黏手法的摩搓技巧，於摩搓時自然搓揉出可轉換空間。不能太輕，不能太重。重則滯於骨，會摩搓不動、輕則易脫手，會搓揉不著。故此手法技巧，需經常鍛鍊，務使兩掌的觸感敏銳。『應手』時，指掌直接在皮上做虛實吞吐，內外手應變方式皆然。運用『皮骨分離』手法時，若吾手處於「外手」，以兩掌搓揉對方手臂，要先向後搓，騰出搓揉緩衝空間，再向前搓一點。藉搓揉手法牽制其皮，帶動其骨，敏銳度要高，速度要快，調試出適度的搓貼點及洽到好處的力道。以彈簧慣性因應之，適足以掌控對方，使之無法反抗。且搓揉時，不能祇有前後的力量，還要有上下左右的變換力量。兩手要以外張力向外圓撐，內扣力向內夾擠，予對方以受困式的壓迫感。善用腰胯擰轉技巧，肩、胛、膀、肘需鎖定不妄動。若吾手處於「內手」，被對方抓扣時，吾手臂骨先往後抽一點回吞，將皮留給對方。對方瞬間抓扣不到吾之手骨，會緊握，即予吾可乘之機。切記手骨後抽之勢，仍需由『足掌』帶動，非僅以手臂抽動耳。此主導之式，目的是要將對方落實的力

皮骨分離：搓、捩、擰、轉之一

皮骨分離：搓、捋、擠、扭之一

皮骨分離：搓、捩、擰、轉之二

皮骨分離：搓、捋、擠、扭之二

捲、扣、搵、扯之一

皮骨分離：搓、揉、擰、穿之一

捲、扣、搵、扯之二

皮骨分離：搓、揉、擰、穿之二

量，化引至『足掌』地面下，以動搖對方的根。切記手臂務需沾黏不脫，不要急著攻擊。待抗力引下，而功勁串上時，再將手骨由皮下向前搓出吐實，皮僅微動使之不察。利用對方緊握後落實的著力點，擊出爆發力。若全身整勁技法已任運自然，當手骨搓動時，於吞吐間即可動搖對方的重心根本，再判別敵意，是否藉由『足掌』的吞吐直接爆發勁力。

『皮骨分離』搓揉手法，初鍛鍊時，可以己之右手掌摩搓左手臂，左手掌摩搓右手臂。感受摩搓時，指肉掌座與手臂皮骨間的摩搓反應與微細關係。亦可與同門師兄弟觸手，以內外手相互摩搓，體會帶動技巧與牽動層面。是搓皮還是搓骨，力道如何才能恰到好處，實際驗證能否真正做到不即不離，不丟不頂的境界。鍛鍊【沾黏搓揉】手法時，尚需單獨加強轉腕訓練，這是手法能否輕巧的關鍵處。虎口撐開，以掌帶動腕關節向內擰轉，向外擺扣，用以拉拔掌腕部位的筋肌骨節。其次，再上下左右前後甩動兩掌，鬆放掌腕部位的筋肌骨節。反覆操練，使整個腕關節，鬆柔有韌性，減少折扭傷害，並可擴大手法轉環限度，加強搓揉手法微動時的靈敏技巧。『皮骨離析作用』的搓揉手法，是「開元先天勁」最具特色的突破性鍛鍊功法。可揉化，可頂撐。藉對方皮骨韌性，來鍛鍊鬆緊搓揉手法的掌控訣竅。藉自身皮骨韌性，來鍛鍊以全身整勁牽動重心的要訣。『搓揉』手法要輕巧，看似未動，實則全身相應。故能穩固有力，令對方隨吾之摩搓方向而動搖，無有招架之力，此時要令其失重倒仆，實易如反掌。

【陰陽兩儀】手法，是鍛鍊兩臂與兩掌於動態中的應變能力。兩掌於身兩側前舉，兩手臂間如隔一球體。一手翻掌上揚起撥，是為陽掌。一手翻掌下覆落按，是為陰掌。兩掌於身兩側撥帶翻轉，反覆地一起一落訓練。右手起左手按，左手起右手按，如以兩手滾動陰陽兩儀。陰陽手，著重於動態變化。兩儀手，著重於制衡掌控。掌式如是，但牽動掌式旋覆者，是靠兩『足掌』的踩蹬

陰陽手之一

開合吞吐功法之一

陰陽手之二

開合吞吐功法之二

陰陽乾坤手之一

兩儀手之一

陰陽乾坤手之二

兩儀手之二

力，帶動腰部及上半身的擰轉效應。使兩掌不僅止於起落，且配合身形圓融翻滾。藉由身形的擰轉運作，兩臂兩掌的擺動幅度，可小至兩掌的翻動，大至上半身及兩臂膀的整體翻滾。不但可磨練動態擰翻手法，並可體驗『足掌』踩蹬力的上行路徑。使變動中的陰陽手法，於動態圓滾運動中，亦能隨時順勢著點即發。手法需瞬間變動，切勿緊抓，使力點無著實之機。

在意念帶動上，猶如兩掌、兩臂、胸前均各有不同大小的球體般，於手法陰陽翻滾時，任我撥動運轉。手法滾翻時，兩手需持守互不過中、不離中的原則，隨時固守中門，閉守門戶，切不可毫無目的地散擺。腰部的轉動，要維持制衡機能，控制整個身形勿上下起伏。由全身整勁架構主控，坐胯擰轉，帶動手法的起落幅度，及左右翻轉範圍。內裹外擺，撥繞太極兩儀，拿捏陰陽起落手法的輕重緩急。轉腕滾翻，以帶動掌法的上揚下落及撥擄領帶。陽手輕則陰手重，陽手重則陰手輕。一手內裹一手外帶，兩手同時動作，相互呼應，不稍閒置。【陰陽兩儀】手法，於變動中需各司所職，並時時維持互補功能，周密地調節相互往來間的虛實輕重，陰陽起落。配合聽勁時機，靈巧制衡並應變，順應一般『人體架構』的反應習性。一撥一帶間，即可令對方失重倒仆，不必發勁。是以善用滾翻手法，即可制人服人。與人『應手』，就是要使對方有瞬間失重浮動之震撼。熟練【陰陽兩儀】手法變化，搭配全身整勁身形的鼓盪作用，所形成的上下左右，起落滾翻氣勢，圓融周密，自成一套完整的防禦系統，幾無切入點。對方一旦觸及，即會被瞬間驚彈。威勢拿捏全在『應手』技法掌控中，是不容忽視的鍛鍊手法。

【沾黏搓揉】及【陰陽兩儀】手法，經過自體鍛鍊，最重要的是能實際運用。纏手要如蛇，逢進必纏，首重手腕的虛實進退，得寸需進尺。『退』不是將手收回，而是用身體的架構與『足掌』沉落作用，形成緩勢，並非真的收手或罷手。前足如踩踏球體般地虛置，利於機動性的手起身步隨，切不可踩實。

對方衹要一扣手或拉手，即應迅速沉落下墜，化解抗力，上步追勁。身形如魚躍龍門般，委婉而奮勇。吾手翻轉反向沾輕搓揉，用扳扣刁手吞吐，拔其重心，擊發勁力。手法有如蛟龍翻騰，波浪濤天。對峙式的『應手』試煉，一則可測試手法技巧的熟練度。一則可累積實戰『應手』經驗。人是靈活的個體，兩手的活動範圍很大，要能隨機應變的制敵服人，需要許多臨場經驗的累積。『應手』時，若無法顧守攻防技擊的第一道門檻，即掌腕部位。則不論以肘、臂、肩或背來抵制，皆已使作功的力臂縮短，功勁乘積效益打了折扣。即使能發勁，肢體觸點本身，需先能承受負載抗力時的可能性傷害。吾人雖已練就周身無處不驚彈的境界，然以身軀部位直接招架抗力，危險性仍高，受傷機率亦較大，仍是不理想的作功方式。除非勢不得已，否則指掌腕部位的『應手』觸發，仍是最佳的功勁擊發點。故『應手』手法，是實戰技擊中，很重要的互動媒介。

『應手』手法應變之道，涵蓋手起身步追及步動身移的多重技法，切不可往後拉扯或往身上帶，擄手移步，均需以對手為攻防標的。「開元先天勁」進階功法，以【黏手】、【纏手】、【盤手】、【擱手】的次第功法，來訓練雙向對峙時，變化多端的實用技巧。且應變時，需能靈活組合【沾黏搓揉】及【陰陽兩儀】手法的應用。『應手』手法，兩手動作要有靈魂，手掌的每一根手指筋絡，於動作時，皆具有主導應變機制的重要性。如『拇指』的方向，要往後往旁側橫撐，負責掌法變動時的橫力支撐。『食指』向前，隨時指向目標，負責攻擊時的導航作用。『中指』則帶動無名指及小指，往下扣往內裹，可收可放，負責掌法翻滾時的擰轉變化，及轉腕時的帶動。三方掌指要頂出三種不同的力量，具前後上下橫側等多元化變動特性。三點頂力，要能自如地做出翻扣、提擰、束追等掌形動作。且要能適切地配合手法，忽起、忽落、忽鬆、忽緊的變動。故需經常性的加強訓練，使之活絡有靈性。手法訓練，定要對稱相互呼應，形成『自然反射』機制慣性。重點是以全身整勁來帶動，非僅手部的刻意起落爾耳。應變時，「落」為制約，「起」為發勁，以球為體，以圓為用，此皆需鍛鍊得極為熟練。

【黏手】，是採用【陰陽兩儀】手法，與對手左右滾繞沾黏，不即不離，是嚴守第一道防線掌腕部位的技法。鍛鍊時，掌、腕、肘需如滾動球體般，圓轉纏繞，靈活應變，為的是能嚴密地固守中門，不使對手有可乘之機。運用兩掌左右陰陽虛實轉換，牽動對方的重心位置。兩手不論內裏外擺，務必以先解除手法上的抗力威脅為主，絕不容其手法，有趨向吾之手肘部位的機會。掌心向下為陰，主落。掌心向上為陽，主起。兩手陰陽起落變換，上下左右，以聽勁識別對方的著力點所在。藉由因勢利導的變動，結合身形擰轉，配合『足掌』的磨蹉，將對方身軀順導至其較無法施力的重心弱向方。並順勢翻轉陰陽手法，加強其重心傾覆斜度。使之如高牆圮倒般，無有依附地傾仆。深入瞭解

『人體架構』反應，有助於牽動重心時的順勢利導技巧。【黏手】的起落滾翻，兩手切記不離中不過中。手法離中，敞開防護大門，易陷入危難，予對方可乘之機。手法過中，易造成手法雙滯，回應不易，失於靈巧。故應各司所職，不論攻防，切需『守中』，以固守中門。【黏手】手法，除善用轉腕及姆指與食指的鉗制技巧外，著重在兩『足掌』前後磨蹉撐拔作用的帶動，且要以能帶動對方重心為主。沾黏對方雙手時，要先將無形球體的圓滾軸心，與其外圍圓周特性，了然於胸，做為掌控變動時的依憑。如對方沾我手時，要以腰為軸，手為圓周。技擊對峙時，單憑兩掌兩臂膀的力量不足，必須以全身整勁架構因應。『足掌』撐拔頂蹉，以足帶身，用導引方式，使其重心偏叵失重以制敵。是故，兩手盤繞的虛實變換，目的是在找到足以牽動對手重心的著力點，並非在玩繞兩手。敵不動，吾不動，敵動，吾再依其動向，截取其著力點，因勢利導而動。切忌兩手無目的或無意義的撥動，反予對方以可乘之機，務需採

黏手之一

黏手之二

黏手之三

黏手之四

取最高技巧，以靜制動方式因應。實用技法中，對方原本維持中正的人體，重心一旦被牽動歪斜，必會頓失依附，失去平衡。對方於此自顧不暇，慌於重新維持重心之際，即是任我帶動擺佈之時。【黏手】鍛鍊，主要是於實際『應手』中，熟悉各種形式的掌腕轉動及起落翻滾效益。目的在牽動重心，拔對方的根。適合於同門間『應手』試煉，較不傷人，且易於調試切身的觸感與技法。

【纏手】，是運用於雙方功力對等時的應變手法。觸手對峙，若對方有能力侵犯到吾之第二門防線，手肘部位。吾即以纏化手法，先化除具威脅的抗力，並要能即刻反擊應變。【纏手】著重打法，對手近身意欲攻犯我肘、膀、腋下等部位時，表示敵意甚殷。吾應立即反擊不可遲疑，絕不容吾身有被進一步觸碰或受擊的可能。若對手透過黏手轉環技法，向吾之肘、膀、腋下探掌攻擊，此時千萬不可向後退縮。應以手法應變，內裹外撥，配合擰腰沉胯的導引方式，引其力至吾『足掌』下。透過『足掌』磨蹉回轉抗力，引下串上，瞬間產生蓄發作用力撐拔而起。順勢利導，反向對方之肘、膀、腋下探掌攻擊，牽動對方重心，使其急於回守防顧，無暇再攻。如若對方敵意甚重，則可直接爆發勁力，令其騰飛而出，毫不寬容。纏手應變時，二門防線的肘部，絕不可向自身退收，務需維持一定程度的頂扣圓撐力。不論對方功力如何，交由全身整勁架構來因應。透過密度堆疊下沉，由『足掌』承接化力的任務。激發彈簧的彈力特性，自體作功迂迴，反向產生轉機。收肘化解，是一般不瞭解功勁效應爆發威力者，所採行的方式，然有折必滯，曲彎勢圮。一旦收肘，自行放掉肘部原有的支撐力，想要再次頂撐，圮勢已成，會倍感吃力。且時機已失，兵敗如山倒，祇會節節退敗。纏化手法的訓練，是臨場相對性『應手』技巧的實戰訓練，打不容緩。故需完全以全身整勁架構，及『足掌』揉搓作用力，自體擴大轉環空間，來帶動身體的圓融運轉與向量變換，產生迂迴應變的擊發力。是以圓融性整勁架構的纏化手法，必須要練得熟稔靈動。

纏手之一

纏手之二

纏手之三

纏手之四

【盤手】，帶有實戰意味。觸手時採用【沾黏纏化】手法，及『皮骨分離』技法，意欲完全掌控對方，不再盤繞雙手，而是直接『應手』。不論內外手的應變，均以輕靈為主，切不可扣抓。由『足掌』施力，兩指掌搓揉，留骨搓皮，其骨自隨，而牽動重心歪斜前仆。對方失重時，吾便以兩掌反向向前搓提之，令其後仰。若其後仰，吾便以兩掌微按壓，令其前移，沾黏不使之離。對峙時，鬆放或壓迫的掌控，任運在我。祇要對方有任何動作，吾即可完全掌控其重心。或前後，或左右，或扶傾，使對方完全處於受制狀態。猶如大人對待小孩般地輕巧自如。【盤手】技巧，採用沾黏手法中的【皮骨分離】揉搓法，不丟不頂間，靠的是指掌觸感敏銳的聽勁能力，滾腕翻掌，反制其手。抽骨留皮，猶如袖中抽手，袖不動而手抽離。搓皮帶骨，猶如牽制衣袖，衣袖牽動而身自隨。【盤手】手法，需靠兩人經常性的對手訓練，體會『皮骨分離』法，抽動時的韌性。隨時以球體圓形運轉方式撐化，務令對方摸不著吾手骨與皮，於抽動時的變動方向。尤其是同門間試煉，以類似的【盤手】法相應時，則其間微妙細膩敏銳的牽動力，極為綿細。似有若無，更需用心體悟，此亦是提昇『應手』技法的訣竅所在。【盤手】著重在實用技法上，故搭配『聽勁』辨別著力點所在，極為重要。【盤手】，可訓練『聽勁』的敏感度。『聽勁』，可鍛鍊沾黏時的靈活度。兩技法相輔相成，務需同時提昇。【盤手】之主控，務求不貪不歉，固守中道。若能隨時掌控對方的重心動向，則發勁祇在剎那瞬間。

【撊手】，即是實際的散打。沾實即發，不在技法上有所揣摩，直接運用周身『觸手驚彈』的爆發力，令任何角度方位的力道，皆不得近身。全身架構隨時保持在最佳狀態，一『應手』即打點迅發，不容對方有些許聽勁或思惟的空間。【撊手】手法，採用的是全面性的球體滾彈方式，上下左右前後迅捷翻滾，功勁擊發，直接使用【六合錯縱離心力】技法。由足至手，身形手法，無不施展圓球滾彈變動技巧，活動範圍無有限制。手一「起」步隨「追」，一

盤手之一

盤手之二

盤手之三

盤手之四

「打」即「變」，無從捉摸，無法辨識。一撊即逝，隨即又撊，充分展現【撊手】，快速敏捷的『應手』境界。由於【撊手】技法，極為迅猛，對方瞬間被震彈時，有如遭到電擊般，唯有驚恐，無從反應。【撊手】無固定功法可供操練，吞吐沾黏，隨對方之動而動。順應人體『自然反射』，以球體、彈簧體運作方式應之。靠實體操練所習得的各種手法、身法及整勁因應能力，累積而來。惟有不斷地熟練、熟練、再熟練，適足以提昇。然需切記，【撊手】不是雜亂無章地晃動搖擺兩手，而是融合【沾黏搓揉】【陰陽兩儀】『應手』功法，善用『黏、纏、盤、化』實戰技巧。由『足掌』掌控，觸即生變，沾實即發，充分展現【撊手】效應。【撊手】技法，以靜制動，然確極為迅捷威猛，常能一觸即發，幾無第二動攻勢。若欲求擊發速度能快過對手，於第一瞬間就要能判別制敵機先的手法，靈動以對。是以【撊手】技法要好，整勁架構、跓功、試勁、化勁及手法上的應變技巧，皆需經過落實地反覆熟練。確實地融入人體

『自然反射』神經機能中，成為『自然反射』動作，出手才能快捷靈巧。對峙時，直接以神形意識貫之，即能呼應出最佳的攻防技巧，眼明手快地主控敵我情勢，任運自如地發揮功勁效應。

『應手』時，若各自為陣，各分你我，無法形成對峙之勢，亦無法有所互動。故『應手』的另一訣竅，是將對手視為吾身之一部分，以達到知已知彼，每戰必勝的目的。方法是以對方的兩足及身軀，做為吾身重心的支撐點。此時，透過兩手的接觸，沾黏頂搓，將吾身重心巧妙地轉移至對方的身上，由對方來負載吾身之體積質重。而吾則以後『足掌』頂撐，前足虛實應變。一方面，使依附給對方的重心不旁落傾斜，一方面，透過單足的頂撐，還可加重賦予對方的承載力，使對方深感，倍受壓力而忙於支撐，受制而無法有所動作。吾虛置的前足，則具有隨時變動方向的功能，掌控虛實，進退有致，此即為「輪車三腳支點」效應。如同將具有兩支把手的獨輪車交付於對方承載般。

輪，而對方則需支撐我所遞出的兩個把手。其兩手因承載重量[…]受制。此三腳支點效應，造成對方滯拙，而吾身則輕靈易於變[…]心已部分轉移至對方身上，故其肢體上的任何變動，或重心支點[…]立即感受得知，具『他不動我不動，他一動我先動』的即時應變[…]起，無動不隨，無實不追，形成『應手』時的最佳知己知彼狀態，而能常立不敗之勢。

「開元先天勁」的『應手』手法，進一步地提昇應變能力，靈動間要自然搭配三照、四頂、四催及三實一虛法則。亦即眼手足三尖應照；額頸胯膝四部位頂撐；手身步勁相互催動；雙手及後足落實前足虛置，是為三點實一點虛。且適可改變一般人後天反射動作的習性。如沾黏時，『搓皮留骨』，不抓扣；被拉時，『不退反進』；以單手牽制雙手；此皆所謂藝高人膽大之實用技法矣。由於現代人危機意識較弱，反射機能漸形退化，加以許多拳學理論的誤導，故一般習武者多未能深思，武術於實用技擊方面的內涵。部分習練者雖已有所警覺，發現所學套路，無法派上實戰用場，但確又不知應如何下手改善，祇能另學套路，以為可解。實則，練武就是要練出人原有的本能，產生自然抗體，全身相互呼應以制敵，不是祇有單純的手足撥打踢踹而已。實戰應敵，以功力為主，透過鍛鍊，功勁效應蘊含於身，經觸動反射就會爆發。而機動靈巧的『應手』手法，更可增長吾人臨場時，主動性的應變能力，使身法更形輕巧自如。手法有如戰略部隊的斥候角色，探知敵意，或攻或防，可任運取捨地應變，配合「開元先天勁」穩實功法，瞬間即可觸手驚彈。擁有動靜自如的應變手法及豪邁任運的功勁爆發力，適足以提昇習練者，靜若書生，動如猛虎的習武境界。

「開元先天勁」的『應手』手法，實質功力，仍來自全身整勁架構的支撐，及『足掌』的帷幄掌控。與人較手，手起無回，全憑『足掌』腰腿用工夫。主控點仍是用兩足與對方應變玩味，以『足掌』來調整對方的施力點與受力點，非單以兩手應對。全身整勁架構的透通路徑，是通透媒介，真正的承載與擊發，祇有兩點，即『足掌』作用及落實的『應手』觸點。此兩點實為一體的兩面，二而為一，放之則『無』，發之則『極』，勁發無二，一觸即至。引下串上，一來一往，極為迅捷，幾無有空隙。以全身架構透通穩實故，外表看似未動，然內動爆發力，確能無堅不摧。承載力愈強大，則人體堆疊密度的彈簧效應，亦會相對地產生超強的反撲量能。雙手圓撐起落時，架構圓融之勢，無形中已將體積加大。所鞏固的圓整範圍，無論『應手』技巧如何變動，皆處於圓滾狀態。猶如彎弓射箭，起手上弦，觸手離弦。體積加大的複合效益，約可擊發出較人體三倍大的控制能量，如對方有一百八十磅時，約可擊發出五百磅的力量。此力一般人大多無法抵擋承受。故對方被颺旋而出時，是砰然墜地，而非節節退後的步伐。『應手』手法，遇抗力，小來小應，大來大應，完全依對方施予力道大小而定，吾身則透過自體作功效應，自然地賦予倍量的反擊力，絕不以滯拙力道抗之，不但省力，且功效卓著。

# 『六合錯縱離心』功法

『六合錯縱離心力』是武學上突破性的勁爆方式，開拓實戰技擊領域。一般習練武技，從單向力、整體力，以至兩人對峙時觸手驚彈的爆發力作用，其向量依據施力點及力臂長短的乘積原理，是可被估算出來的。然而『六合錯縱離心力』技法，靠得是『足掌』自我作功能量。其飈旋而出的勁源，乃凝聚多方位點線面力點及勁爆擰旋力，相互『錯縱』，急速產生『離心力』，直貫觸點。如龍捲旋風，極為飈旋威猛，足以旋起極大的質量，使對方扭曲騰空，重摔於地。急旋會加速騰飛而出的速率，對方瞬間所承受的『離心力』，內含『六合』向量『錯縱』的結果。身軀受到力導，亦會產生上下左右前後『錯縱』變化，所呈現的即是歪斜傾覆扭曲狀態，而騰飛方向則依『六合錯縱』之最大質變方向而定。『六合』，指上下左右前後，一體成形的凝聚力，內透通，外達點，聚集神意整合三盤。『錯綜』，指瞬間六合交錯、替換、互補、互動的作用，涵蓋鬆緊、吞吐、虛實、進退等作功原理。『離心力』，指物體旋轉時，遠離中心而向外拋旋的力量。是向心力的反作用力，由球體圓周切點，沿切線方向擰旋而出的力道。『六合錯綜離心力』，綜合圓滾球體與彈簧體的運作方式，不但不傷己，且可充分主導擊發方向及力道。能產生如火山爆發、海浪崩堤、龍捲旋風般的勁爆威勢，變化無窮。對方無從預知，亦難以招架。是「開元先天勁」中，極具主控性及開創性的功勁功法。

人體軀幹如球體般，有著內中空、外周圓的特性。中空適足以透通，具三度空間的游動變化，而圓周切面則具多方位的靈動機制。「開元先天勁」進階功法鍛鍊，不僅要求熟練平盤、立盤或斜盤等各種的圓形盤繞運動。更進一步地要求轉化，融合圓滾球體的運動慣性，鍛鍊球體的圓動方式與滾動力量。以掌握圓弧運動技巧，提昇實用性的球體作功技法。球形圓體，是最佳的作功方式。立體圓與平面圓的變動差異，在於球體中空部位與球體表面的變化彈性極大。方位運轉與圓切面的觸點，透過細微的角度轉換，即會形成極大的功勁質變效益，故如何維持球體運轉的制衡點就很重要。猶如，製陶時的拉胚動作，要維持陶器一體成形的技巧，就在力道的制衡均整。而器具內部空間的拿捏，就需要透過調整圓弧角度的訓練，與力道配合形成一貫作業。功勁鍛鍊時，適切地撐拔或擠壓身體內部中空體，所帶動的球體運轉效能，亦會呈現出不同的功勁效應。如身體向外撐拔時，有如球體因鼓脹而擴大，無形中加大自我體積及圓撐力。加以神意的運用，拓展威勢凌駕對方，形成攝人之磅礴威勢，使其不戰而慄。反之，若自體作功，壓縮中空體密度，凝聚內部能量，蓄勢待發。猶如，擠壓球體使內部壓力升高般。一旦觸動，由人身所架構而成的球體，可產生壓縮後的反彈作用，形成威猛無比的功勁爆發成效。

鍛鍊球體作功效能，需先瞭解球體運動與『人體架構』能量場間的相依

劈拳連續動作之一

劈拳連續動作之二

劈拳連續動作之三

劈拳連續動作之四

性。球體本身具有由內往外的張力，及由外往內的大氣壓力，由於其立體圓的接觸面極廣，其受周邊環境變動的影響亦極大。球體滾動，若遇阻力，會依阻力或抗力的大小，改變其滾動方向與速率，且是多元性『向』與『量』的動態變化。進階功法，運用球體運動的優勢，於功勁鍛鍊時，要求身形、肢體、各部位節點及發勁的『足掌』，由足至手，均需依球體滾動方式來應變。是以當所遇抗力與導致球體滾動的功勁力源相當時，力道會發生互抵。此時即應藉『足掌』的磨礎震彈，帶動身形上下左右前後六合變換，卸除對方部分抗力，取得轉環空間，使球體圓滾進擊動作，能持續前進。如若所遇抗力較小，因球體是依圓周切面特性運轉，勁源將繼續前仆後繼，不中斷地向前滾動行進。對方所承受的壓力，猶如，洶湧而至的浪濤，層層覆蓋，勢不可擋，毫無招架之力。如若所遇抗力較大，抗力會自然地擠壓吾身體內，如球體般的中空體，使內部壓力升高，產生彈簧壓縮效應。此時，透過整勁功法堆疊鍛鍊的轉化，將中空體所承載的壓力，善用三度空間沉澱技巧，將抗力導引至『足掌』下，由地面承接，卸除抗力。並將高密度壓縮能量，轉換為功勁蓄積力。一旦『足掌』反向撐拔震彈引發勁源，瞬間的能量釋放，會形成無堅不摧，極具爆發力的反制效能。以無形的內動作用，即可擊發對方。此先決條件是人體整勁架構，已有相當程度的韌性鍛鍊，且整勁技法已獲得適度的提昇，才能透過迅捷的轉化，充分發揮球體作功運動的優勢。若『人體架構』不夠柔韌，即便是採行球體圓滾震彈運作方式應變，可能亦無法充分發揮球體運作的特性。如若運用不當，逢阻必偏，逢剛易折的結果，亦恐反向造成自體機能的傷害，於此不可不慎。

球體作功運動時，脊椎骨末端薦骨部位的功能調適，佔舉足輕重的地位。以直立人體為球體直徑，可進一步地觀察到，『人體架構』的『脊椎尾端薦骨』部位，約處於人身球體的中心位置。薦骨部位與左右髖骨，是腰、臀、腹所依

崩拳連續動作之一

崩拳連續動作之二

崩拳連續動作之三

崩拳連續動作之四

附的骨架主體，本具有支撐人體重心的功能，且是溝通上下半身主要的往來驛站。然由於位於脊椎尾端的薦骨，仍有其壓力承載極限。是以「開元先天勁」，是利用薦骨部位向前裹的方式，轉變其角度方位。將原本的承載壓力，移轉給已適度下落的髖骨，再下導至『足掌』，由地面吸收來自人體的重心壓力或外來抗力，以卸除薦骨部位的負擔。薦骨前裹後，雖已減輕壓力，然因其約處於人身球體的圓心位置，故另行擔負起更重要的角色。因薦骨若不前裹，背後脊骨無法得到適當地挺直，身形未能中正，髖骨亦不易順勢下落，則架構上下半身透通緩衝區的角度便會有所不足，影響整體通透性，恐致全身整勁效應，大打折扣。是以薦骨部位，需自然處於捲提前裹的狀態，形成猶如畚箕狀的圓整效應。其重要性，如同維持球體滾動行進的軸承。軸承若能裹扣穩實，鬆緊合度，有助於球體行進時的方位轉換。而薦骨前裹，可同時帶動提肛作用，收縮會陰部，有助於下腹部相關器官的功能調理。足見薦骨部位的調適，具擔負多重功能的重要性。

球體範圍可大可小，從自體運動，到對峙雙方的共體運動，所在位置無所不包。自體無處不為球體圓，而對峙雙方間亦如間隔一球體般相互周旋。甚可擴大球體範圍，以拋物線方式籠罩住對方。自體鍛鍊時，兩臂抱合圓撐，如抱一球，緊則迫，鬆則落。兩腿鬆緊含扣，如藏一球，撐拔時球體膨大，鬆置時球體歸原。腋下至腰間，如含一球，支撐虛實開合變換。腹髖及兩大腿末端間，如蘊一球，維繫軀體牽動時的圓整性及一貫性。致使功勁收發，均不離球體運轉方圓，肩背腰胯部位亦自然地形成圓體。鍛鍊時，對峙雙方間的球體運作，可形成圓融的變動空間，發揮球體圓周切面及切點功能，進一步地擴大球體體積，籠罩整個對峙領域，可延展吾勁源之游刃空間。

自我鍛鍊，則需自體作功。要能帶動周身大小不等球體的撐拔與擠壓效能，不斷熟練人身中空體內的彈性變化，深切體會體內『位能』與『動能』的

陰陽乾坤手連續動作之一

陰陽乾坤手連續動作之二

陰陽乾坤手連續動作之三

陰陽乾坤手連續動作之四

變化軌跡。尤其是當球體切面角度有所變動時，所形成的向量與動能的轉變感受，有助於提昇功勁層次。而實際與人對陣，有實體抗力可供觸動應變，能實際驗證，微調量能變化時，所呈現的發勁效果。透過雙向反覆的修正歷練，較能充分地掌控球體多方位、多向量的變動技巧。如射箭運動，亦必經反覆修正鍛鍊，才能精準而常態性地，射中標靶核心。球體應變訓練時，加大體積籠罩對方，可提昇偵防敏銳度。利於以迅雷不及掩耳之勢，攻其不備，瞬間引力拔根，掌控技擊攻防時的主導權。以往拳術，多著重於個人肢體訓練，較少鍛鍊敵我較勁時的互動作用，故常衍生出閃、躲、架、格等，較易引發敗勢的動作，用以避開對手。較少思惟將對方之力引為我用，甚或和對方連成一體，由『我』主導一切功勁運作的實戰技巧。「開元先天勁」進階功法鍛鍊，納入球體作功運動方式的鍛鍊，即是在加強實戰對峙時的應變技能。

「開元先天勁」功法之內涵，具前瞻性的創作機制，功法的體用，是以『三盤六合圓為體，錯綜離心整為用』。三盤架構，是功勁爆發時，筋肌部位透通與否的樞紐。三盤之區分法，已於「先天勁」下手功法一書中表述。目的在於調適人體三盤架構，鬆活筋肌，使各機能達到相互為用的制衡及協調性。一如彈簧，於簧圈與彈力最勻整時，可達最大彈性效能。鞏固三盤架構，使體積加大，利於球體運行，順勢產生『六合錯縱離心力』。實際體用時，則全憑瞬間自然反應，鎖住下盤，中盤運化，上盤導引，由『足掌』主控，產生多種不同的功勁向量變化。周身環扣一旦齊備，瞬間定著，即可適切地旋出『離心』動力。此即微調悸動『人體架構』，即能使功勁擊發效益倍增的原理所在。實戰對峙時，要能自然產出具『六合錯縱離心力』效應的勁道，需先具備全身整勁通透架構，且需以周身無處不為圓的訓練，不斷地提昇功法境界。

能爆發勁力，還要會靈活運用，人身是一活潑的小宇宙體，無處不為圓，兩手撐抱即可成圓，或平面圓，或斜盤圓，或立體圓。應敵對陣時，亦可以拋

單手錯縱驚彈連續動作之一

單手錯縱驚彈連續動作之二

單手錯縱驚彈連續動作之三

單手錯縱驚彈連續動作之四

物式圓籠罩對方，而發勁是一迴旋圓，能隨時收歸本源。身體部位，可自成一圓，亦可與其它部位，形成共體圓或交會圓。圓形球體，不論觸及何處，皆會圓滾迴轉，落即是起，起即是落，非單向圓，而是能『錯縱離心』的圓。圓的變化，無窮無盡無邊際，於周而復始運轉中，隨時可由任一圓切點釋出勁源。欲提昇武學的領域，必須理解並善用圓的運轉原理。『圓』，依方位及所在位置的不同，而有不同的變化，且有大小領域的區隔，極富彈性。『圓』可韌如皮球，輕如氣泡，堅如鋼珠，穩實牢固，軟如綿球，能容擠壓，隨動應變位移，是三盤體用充分協調運轉的成果表現。論合，有相對位置，論分，富『錯縱』彈性。惟有均整、協調、通透而穩固的人體自然架構，才能使多重、多型、多變的球體運作功能，輕巧組合，迅捷奏功。宇宙大自然中，動態者，皆具圓融性，圓才能做到一而無二的作用，作功效應可隨即回到原點。動作時，以圓為準則，遵循圓體原理運轉。運用時，可複合纏化，依圓的慣性，透過身體轉化，產生多向量的無極爆發力。

是以鍛鍊『六合錯縱離心力』，務需先練好「開元先天勁」的整勁技法。勁整後，透過測試功法的試練，反覆串習上下左右前後，進退虛實的勁爆方式，能夠掌握各種向量的擊發慣性，才能進一步提昇『六合錯縱離心』技巧。『六合錯縱力』的形成重心，在『足掌』的進階鍛鍊。當『足掌』向下踩踏時，並非衹踩在地面上，要深切地向地底下踩蹉，往下紮根。此時小腿筋肌的加壓及撐拔，會有截然不同的體會，『落地生根』的要訣，此之謂也。若由『足掌』下植根處的支點起算，加上全身整勁架構，力臂延伸，會增益整個槓桿乘積效應。『足掌』瞬間踩踏的愈緊實，貫入地底的深度愈深，密度愈高，則力臂還會有更深遠的延展空間。『足掌』的踩蹬磨蹉，於平面轉動技巧上，需再加強球體滾動震彈變化。

鍛鍊時，需意想『足掌』下如踩踏一圓形球體。以『足掌』之掌肉部位，

單手錯縱吞吐功之一

單手錯縱吞吐功之二

來控制球體的旋轉及多方位的滾動，故『足掌』部位是略呈虛懸而非完全平貼於地面者。祇有爆發勁力的當口，欲施予作用力與反作用力時，方瞬間蹉實發勁，隨後即應回歸鬆柔，維持一定程度的韌性。切記是『足掌』部位而非足指，足指的功能是利用指節的鬆緊調度，協助摩磋擰旋時的導向支撐作用。兩『足掌』各別滾動自己的球體，使之活絡於各種向量的滾動，輕巧堅實，撐拔夾扣。反覆歷練，相互為用，以凝聚『六合錯縱』功法。熟悉滾動式勁道呼應方式後，兩腿瞬間的夾擠撐扣，具有凝聚效益。而全身整勁的透通架構，會讓爆發勁源順勢衝出。

然凝聚力要造就成旋轉『離心』效能，除了來自『足掌』球體方式的悸動外，高密度的堆疊彈性作用，則是推波助瀾的不二法門，可瞬間強化勁源之併合旋轉效益。是以，事先的整合性功勁基礎，極為重要。要切實而穩固地紮好根基，否則『六合錯縱離心力』會隨處折損受滯。擰旋作功要順暢，之前的相對技法就要不斷地反覆磨練。若『足掌』動作大，會使密度鬆散，空盪不實，反施展不開。『足掌』動作小，則密度高，對方不易體察，常能一體成擒，迅捷奏功。實際對峙時，完全由『足掌』掌控勁力的震彈驚爆量能，外形猶如未動，瞬間引爆時，可充分展現進階功法的勁爆效應。

『六合錯縱離心力』是自體作功，不假外力。以『天地六合為體，錯綜離心為用』，以圓為體，以整為用。然如何才能確知所積累的鍛鍊層次，已達此相對效果。此階段需透過功勁檢測方式的試煉，及從師的善巧引導。一如興建水渠後，需引水入渠般，水流依循軌跡的利導，方能源源不斷，潺潺續流。在引導過程中，習練者自身要先體會『六合錯縱離心力』於體內所產生的作功方式，若有滯留折損，則需步步調整，層層提昇。使勁源爆發的呈現，能漸趨純淨俐落，迅捷威猛。進階式的自體擰旋作功，尚需能由形動、意動，漸趨神馳，以倍增成效威力。其次，需能體察對方的感受與受力變化，探究如是施

陰陽兩儀手之一

陰陽兩儀手之二

觸手驚彈沖空勁

觸手驚彈崩炸勁

力，所得到的實質成效反應。及轉換施力點或作功程度時，所造成的相對效應結果。時時反觀體悟『足掌』的掌控機制及其變動原理，深入瞭解『足掌』踩蹬蹉踩撐拔滾動的影響力。最後，再試煉動態情況下的『足掌』爆發力，是否仍能如預期般地瞬間定著，產生所要擊發的『六合錯縱離心力』。尤其是與人對峙時，『足掌』處於需不斷承載對方力道，及手起身步隨，機動應變的情形下，需反覆驗證能否隨時保持虛實及球體震彈技法的運作，以產生『六合錯縱離心力』的爆發效能。

驗證成效，就是要不斷的親體試煉。視對方如吾掌控的球體，以『六合錯縱』變化，隨順爆發無極功法。『無』指鬆放自然，然需提領神意，僅於兩足兩手及頭項五尖蓄意，而其它部位則鬆柔以對，常態持守，如出生嬰兒般的綿柔。『極』是瞬間作功，由『足掌』爆發功勁效應。其威勢，如銳箭穿林般地迅捷，鋼鐵般地無堅不催，並隨即能回歸『無』的狀態。神意，是『無極功法』

的靈魂，以『無』為體，『極』為用。意緊形鬆，才能達到『無』與『極』兩極化的觸手驚彈境界。身形圓整，似直非直，似曲非曲，作功不定向，不定量，交錯融會，收放回應，形成複合圓的展現。如『應手』時，先往下畫圓，再往上滾彈，以圓為體，所形成的迴旋交錯複合圓，即可產生圓切點的線性效果，擊發對方騰飛而出。身形手法，若能充分發揮球體圓之圓體滾軸及圓周切點特性，運轉陰陽兩儀、沾黏纏化之靈動手法，凝聚神意，運籌『足掌』，一體透空。則『應手』時，便能無處不彈簧，且利於『六合錯縱離心力』驚彈擊打效應的運作。

『六合錯縱離心力』需運用犀靈的神意來引領。在基本功法與踫功訓煉時，舉止動作間皆要蓄含神意，以知其然而然的有意識神意動作，為無為而為的自然任運境界，預做準備。有意識動作，指有思惟、思想的動作，能深切體會吾身與大氣層間互動的感受及相互的作用力，有神意蘊育其間。無意識動

單向擎放勁

觸手驚彈擎放勁

作，指不明其理，僅外形相似而無深意內涵的動作，無神意蘊釀者。無神意的拳法套路，多著重於肢體動作，力道多半祇作用在自身，無法及於對方，形成空置的虛架。有神意蘊含的動作，舉手投足時，皆會形成相對性地搭配效應。手起，勁即通達指端觸點，隨時保有應敵機制。

球體功勁效應，若賦以神意的主導，其威力，有如谷動山搖般驚天動地，襲捲海浪般驚濤駭浪。有助於在多元化的圓形球體運動中進行轉化，是片與面的爆發成效，已非單點擊打。尤以『離心力』，所形成的騰空失控感受，最為深刻。神意之功，體之愈細，愈能納功法於人體之自然反應中。而整個神經系統的反應，亦會趨於敏銳而自然，時時保持在最佳制衡狀態。神意是武術的魂魄，不論紮根、體用，皆需培養凝聚神意，整體一致地貫徹目標，是啟發人身無限潛能境界的樞紐。神意不存的武技，僅有空架，絕無體用實效。『形法功勁』是武術本體，而神意是使勁力，能達到全體一貫的重要因素。

「開元先天勁」功法，是一門有系統的拳學，內涵甚深，包含對峙時的心理學、實戰應用時的力學、人體功學及物理學等原理。如若鍛鍊有成，威勢迅猛，攻防任運，如入無人之境。人體結構極為精巧複雜，自足至掌，存在許多傳導媒介。如筋肌骨肉神經等，有轉折處，有迂迴處。筋肌，是作用力的基石；骨肉，是鞏固真空環境的支架壁壘；神經，則是負責傳導的尖兵。如何讓這些必要功能，於瞬間組合，開啟自足至掌之透通路徑，使力源急速通過，產生無可抗拒而具震撼的爆發力，則需對『人體架構』有深入的瞭解，並做不斷地調整鍛鍊。實則，「開元先天勁」功法，由下手功法至進階功法，若從不同的剖面觀之，又可將之分為初、中、高三階，來區隔功法鍛鍊的次第。

【初階】功法，主要在鍛鍊人體最基本的生理架構，使之鬆活有韌性。有如彈簧體，具通透性。自足至掌，如調整最精密的零件般，逐項要求一體為用。務使勁力爆發時，能直猛俐落。支點與力臂的變換，隨動而立。提領意念，使

六合錯縱離心力

單手錯縱離心力

神意具足。帶動全身整體性，卡榫定位機制，身軀自然保持中正，處處圓融。由『足掌』主控勁源，迅爆勁力，無堅不摧。『人體架構』實奧妙無窮，此鍛鍊階段，宜細體之，不應蹉跎。

【中階】功法，主要是將功勁鍛鍊，融入人體自然神經反射中樞系統。以整勁為基礎，聚合各部位的可塑性，配合緊縮鬆放運動，形成自然傳動的彈簧體效應。使勁源如蒸汽活塞效應或活火山般，於『足掌』下蓄勢待發。所承受的抗力如壓縮在彈簧體般，經上下堆疊推擠壓縮，會自然回轉作用力，直貫指端，爆發勁力。此階段，應將引勁、化勁、爆勁的運用，融入神經反射中樞系統，使周身無處不彈簧，無處不驚彈，形成『自然反射』機能，一觸即應。

【高階】功法，以『六合錯縱離心力』為主，練就『人體架構』，有如快速轉動的馬達般，使功勁的旋轉向量，來無影去無踪。可瞬間將所觸及的物體旋拋彈開，使對方無從揣摩，無以抗衡。其原理是以『足掌』踩蹉地面，瞬間以圓錐式螺旋力旋轉出勁源。頭項與兩足重心，形成一直線，配合全身整勁球體圓，似轉軸般自體作功，產生颻旋的『離心力』功勁效能。將所觸及之外來抗力，以圓切面方式化力拔根，引爆功勁，瞬間將對方擰旋驚彈騰飛而出。全身練就至極至柔，有感即應，有觸即發，神意是導，【無極】為用，以成就『六合錯縱離心力』球體滾旋功勁爆發力之境界。人體潛能實無限深邃，功勁領域若能相續地研發，定能再發掘出，更省力更威猛的進階法門，而使進階之路，無可限量。

下手功法，是引領方法，非必然結果。結果的養成，需靠個人修練習性、體驗技巧與提昇生理機能的落實功夫。急不來也緩不得，反覆調適，分寸自在掌握之中。下手功法易學，然運用途徑多變。熟悉並細心體悟，自身生理架構的應變能力，是不二法門。體能與架構特性，依人有別。『人體架構』在何種情形下，可達到屹立不搖之境。在何種角度下，可保持體內的透通狀態。此需歷經耐力與恆心，不斷地反覆訓練，方能養成常態習性。練武目的，需從有益身心下手，不應以強制性的體能傷害活動為鍛鍊手段。目標明確，即可減少曠日費時的過程。調適體能架構，明其關聯性，奠定穩固之基，有利於各機能的均衡發展，此是功法奠基階段。然欲求進步，尚需向細微處求，深研技法，知其所然而運用，崇尚自然法則，不斷地激發人體本元潛能，方能不受束縛而有所突破。

開創武學新紀元之「開元先天勁」法，其箇中圓融妙法，乃根源於『開創本『元』之深邃內涵。而其功法鍛鍊的中心軸承，即是重新堆疊人體生理架構，精緻架構間的密度，形成人體可瞬間達到全體透通的最佳狀態與慣性。而勁源的波動，完全由『足掌』來掌控。其所及範圍，從向量圓至球體運作立體圓的研發，使功勁理術，更趨完備周全。勁本自然，尋求己身，不假外求。鍛鍊「開元先天勁」功法，其最終目標，要將功勁練到骨子裏去，勘入神經反射中樞領域，達到身體各部位處處皆可發勁的境界。是以其整體重心，必以人體自然生理架構的整合透通，與人體先天本元潛能之開發，為所有立基理念與運作契機。人體與大自然的接觸，具有不可分離性，尤與大氣層的變化息息相關，第一層接觸即是皮膚，然吾人卻常因後天保護環境的日形優渥，而摒棄了人身與大自然最接近的感覺。

源於自然法界的潛藏力量，對人身本元潛能的激發，本具有源源不絕、變化萬千且不可思議的能量。「開元先天勁」，透過功勁法門，練就出『人體架構』與大自然互動的慣性反應，而符合自然原理的功勁法門，適可存乎於氣息轉換間，隨順任運地自然發放。此外，「開元先天勁」功法，於心靈提昇方面，同時增強腦力智慧，成長心智功能。於體能訓練方面，強化神經筋肌，昇華量能，強健體魄。於身形技法方面，調適渾圓厚實的生理架構，使身形穩重安祥，頗具堂堂君子氣魄。在精神氣度方面，新紀元的武學精神，除了自我訓練，激發潛能外，還需將所習得的武學哲理，應用於為人處事，待人接物等人際關係互動中，培養處變不驚、膽大心細，展現出將帥風範，甚或君臨天下之威儀。

# 開發人體潛能

武術發展的沿革，有其因應實際需求而存在的時代背景，然其中最重要的仍是【人】對武學理術研發的過程與結果。肯下心思深研武學內涵，並加以實證者，過去有之，在現代卻為數甚少，多為抄襲之作或純理論的推演。人有理性的思惟，有感性的情緒或衝動，是以遇敵時的反應及處理方式，也不盡相同。人是靈長類動物，反應靈巧，變化多端。既使習練多項武藝，對峙時，若祇在套路上論長短，仍是抓襟見肘，總覺得似乎學無所用，無所適從。武學實用，多無常規，常規是同門間，試煉『應手』技巧時的模擬法則。臨陣時，既非同門，就無法要求對方，依常規來應對。正確的武學成就，需融入身體『自然反射』動作中，見勢『應手』，但亦並非如強弩之弓，無時無刻皆處於緊繃狀態。有內涵的武學，在實證效益的表現上，難度極高，要表現功力深度，應敵時，火候的拿捏極為重要。

「開元先天勁」功法的主要優點。

一、以契合人體自然生理結構與功學原理，為研發武學理術之基準點。

二、能落實地使功勁成就，融入人體自然神經反射動作中，使技法隨身，不會遇敵而有不知所措之勢。

三、所引導的鍛鍊方法，皆是得以應證的功勁功法。能依次第引領更多的武學愛好者，共同開發人體本元潛能及功勁領域，不落虛幻之境。

四、功勁在身，拳法套路，上手即用，無內外家拳學的拳法限制。且可隨經驗的累積，不斷地激發自身無限的潛能，愈精進者，進階愈速。

五、養養身心，具養生的附加價值。久練可貫通全身脈絡，通暢氣血，強化筋肌，潤澤臟腑功能。

六、深具人生哲理，能培育宏觀氣質，對人格、氣度與為人處事的方式，有深遠影響。當然從師風範的影響力，亦是重要關鍵。

武術要學得活潑，【首先】，需不斷地向自身的骨肉筋肌中尋求、探討、修正，使全身能在最自然的狀態下，鍛鍊出自身能量的最佳爆發力。【其次】，要將周身的內外張力調適開來，進行球體運動，加大無形體積，使任何方向的外力，均無法侵入吾身，擴展吾之主控範圍。【再則】，需將吾身與對方融合為一，便於牽制對方的一舉一動，一旦感知對方來意不善，即可瞬拔其重心而擊發之。務使敵我間的雙向互動，自然地好似與一孩童玩耍般。不使用拙力，才是武學追求的大宗。功勁要練的圓融、細緻、渾厚，切需從觀念、理論與體悟中，多方面導引啟發而得。功夫定要練成片，斷續習練功效必半，進階的利機，實存續於連綿不斷的訓練環扣中。習武定有次第順序，務需隨師，透過找勁，在理術上，不斷地體悟。人體內動極為奧妙，變化無窮，同樣的外形，不代表同樣的內涵。入門與否，端賴下手功夫的臨門一腳。入門後的修為，與悟性有關，與入門先後無關，惟悟性與精進程度，展現進階成果。

「開元先天勁」之於武學的突破要點，直接摒棄以往武術，以丹田發力或以脊背發勁的理論。重新奠定功勁基礎，善用全身整勁效應，根源於『人體架構』與『足掌』之原理。強化手起身步追與沾黏纏化『應手』的訓練，以牽動重心為要，制敵機先。透過『足掌』化勁，運用皮骨分離搓揉技巧，以雙手相互呼應的用勁法，掌控對方。動態時，手法、步法、身法，切需不離守中原則。於起落、陰陽、吞吐、虛實、無極等用勁動作時，採二點間一而不二的瞬間功勁爆發法。務需將功勁法門，融入自身『自然反射』機能，結合神意催發勁力，使功勁任運自如，啟發人身潛能於無可限量之境。

「開元先天勁」功法，初接觸者，仍是由【形法】的模擬，開始著手。透過形與法的鍛鍊過程，要能虔心【體悟】，瞭解形法動作的箇中意趣，而非僅止於體能操練爾耳。體悟的內涵，則需由從師或師兄弟相互引導。它是有方法，有次第的，並非埋頭苦幹地摸索。如若於功勁基礎上有進一步的心得體悟或斬獲，則應培養【捨得】心胸，亦即有捨有得的宏觀氣度，與同門交換體悟見解，教學相長，截長補短，有助於增長進階速率，快速地達到自我追求武學目標的【境界】。一旦達成原武術追求的目標，即可自我提昇，設定更高階的目標，向自我本元潛能挑戰。逐步深入探討，以挖掘出人體潛能的最大極限。「開元先天勁」功法的深度與靈動性，就在於此，根源於不同個體的本元潛能，而有無窮盡的變化。

【形法】者，指武術之形與法。拳藝之理，必依法教習，然單憑說理不能彰顯技術，是以為師者，必先以『形』約束之，以明教『法』理論基礎。因材施教，依人導以不同技法，可免於誤導之途故也。要想學好一門武術，隨師受教，調試形法與功勁內涵，是極為重要的步驟。說理不如教習，講學不如試煉，唯有親體試煉，才能有印證與境界的提昇。是以師徒間，應有教學相長的胸襟與雅量，透過試手餵招試煉的過程，親體相互間的差異，則功法進階將無可限量矣。

【體悟】者，對武學應有切身的體悟。武學術理，必用『心』深究，是以培養識別能力與意領神會的功夫，實不可或缺。在教習的過程中，不同的教法，會有不同的技藝理論涵蓋其中，故習者務需眼尖心細，識得明白，理得清晰。意領神會後，要有智慧分析，由悟性來領略，以功勁為主，套路為輔，琢磨理術內涵，強化深廣技藝。要想超拔武學領域，就要逐步培養卓然的智慧與悟性，多聽聞、多觀察、多請益、多習練，是不二法門。為師者，亦需兼備理術與德行，具充裕的智慧，足以識別弟子的性向與能力，予以教誨示範，因材施教地傳道、授業、解惑矣。

【捨得】者。習武過程，所運用的下手功法，是可達成功法目標的一種方法耳。在進階過程中，需不斷地將已練就於身的練功方法，適度地捨袪，以便清出成長空間，學習更上層的術理技巧。如杯中水，滿溢者不容再添。當捨則捨，當取之法則力取，如此才能不斷地往上提昇，體悟深淺不同的武學領域與境界。師兄弟間，亦需捨得將自己的心得體悟，互惠予同門，一起成長才能一同進階。『有捨才有得』，能捨，即可卸下包伏，虛懷若谷，即能容納較多武學智慧的心得結晶。貪得必有所失，登高必自卑，務實地拾階而上，方有達頂之時。訂下目標，一向專求，不受動搖，方可直入箇中之道，需知，武學實不同於武藝矣。

【境界】者。境，指親體實證的一種際遇感受。界，指習武者自訂之追求目標也。境有好壞是非之別，不明究理者，仍會誤入岐途。過於聰慧者，恐入幻想之境，過於愚實者，恐久滯而未能突破。功法進昇之機，循循善誘是為功。習練武學，會出現許多不同體驗，而體悟之境，方向對錯，則需經從師的善加引導歸正。若原訂境界已然達成則應再提昇，功勁根基，愈鍛鍊會愈渾厚細緻。界標的不斷提昇，亦是促發心性成長的挑戰。功法進階，不進則退。為師者，亦需不斷進階，以為弟子的榜樣，若停滯不前，則必有遇長江後浪推前浪之期矣。

人體潛能無限，神意為導。無可限量的潛能在自身，依個人本質，精進程度，所執境界，心性而有不同。然功法在精不在多，悟在深不在廣。窮理究義，習者多能由自身體察，不假外求，確需腳踏實地，切勿妄想一朝成就。鍛鍊時，為達到長遠性剛猛威力的發揮，必先調整習者之慣性，建立信心與毅力。使之確認己之所求，以『導』為主，訓練體能，調整架構，不強制為之。如對璞玉初胚，精雕細琢般地，體驗內在與外在修為，使動靜皆能得到均衡的鍛鍊。針對各部位動作，不斷反覆修正體會，調適骨骼，筋肌，關節之定位角色。淬厲『足掌』勁源所在，嚴格要求卡榫式的透通性，知所然，知所未然。以輕治重，以軟制硬，以柔剋剛，達到淬厲性『無極』功法的深切體驗。於武德修養上，需進一步追求王道精神，服人以技以德。並以拳學哲理，應用於待人接物上，進退攻守，皆需得宜，培養『泰山崩於前而面不改色』的大無畏精神。武學追尋，於突破與創新之際，需回歸自然本源。於膽大心細中體悟菁華，精益求精，啟發應有的智慧與悟性。養養神意，培元固體，使習練武學與為人處事，皆能圓融有德。於深細處著眼，依方法次第逐步修正，激發潛能於無形中。靜之若無，動之若鉅，以內動外靜，化入自然反應，隨呼即應，使周身無處不驚彈。並透過教學相長的互動，期能不斷地啟發慧心量能，引領後學。

「開元先天勁」，不僅是一門拳學的突破，更是人體潛能自我開發的超越。是習武者可追求的最高境界。催敵，必先催根。與人交手要機警，對敵心莫懼，具危機意識，明辨對敵方式，體察重心移轉狀況，知己知彼，才能制敵機先。全身整勁為用，吞吐相連，引勁拔根，沾實即發。蓄勁，乘勁，追勁，不斷提昇功勁境界。心悟而功成，功成而神意真，歷練身形虛實運化技巧。避雙重，落實沾黏纏化『應手』訣要。吞時，如颶風捲蓆；吐時，如電閃雷霹。知其然而然，『理上煉技，技上證理』，成就理術兼備之素養。動中寓靜，靜中寓動，隨時保持透通管道，融入人體自然反應，以應萬變。無時不動，無時不靜，靜若無，動則極，無定式，無定態，不著於思慮，隨觸即應。膽大心細，精體實驗，細處著眼，常能得妙處而深自讚歎。激發潛能於無形中，且能與潛能相長，反覆帶動激發。學習功法，調適身體機能，以回歸自然為主，開發潛能，培養功勁的深邃性。視察外表不等於窺得內涵，其境界無法以筆墨為外人道。人體可善加利用的功學原理，本無窮盡，愈深究其理，愈覺『人體架構』之妙，其待開發與啟迪之處甚多，非可限量。是以鍛鍊的過程，切需依法深入體驗，藉理論導引，技巧研擬，機能提昇，方能啟迪更優質的本元潛能。

# 拳學術理釋義

一般習練武學者，參研拳經拳譜之理時，常會倒『果』為『因』。直接將前人的心得結晶，以象形方式拿出來練，往往忽略了之前整個鍛鍊過程的下手處。前人所留之拳經理論，多是體悟後的心得記要，是成果境界。用以映照或體現成效，而非原本的習練過程。如若直接象形鍛鍊，常有畫虎不成反類犬之疑慮。不明究理的操功訓練，亦常會引發自身的傷害或危險性。習練武術，最重要的是下手功夫，無此歷練過程，僅能習得外形皮毛，無法得其骨髓菁華。若此，多祇能習練到前人所整理的套路法則，卻學不到實質功勁功法的真功夫。「開元先天勁」功法，是符合實證科學的功法。並曾藉由科學儀器的驗證，記錄功勁爆發過程中的波動數據，是經得起一再實證考驗的功勁法門。

一般的武術境界，練勁與發勁，已被經常用來敘述武術鍛鍊的一些成效。

但什麼是『勁』，確多有莫衷一是的說法。假相的定義，也常讓習練者，無所適從。實則，勁所呈現的象狀及具體表徵，是可以透過分類，加以界定與研討的。武術鍛鍊，絕無一蹴既成者。是以可將整個鍛鍊武術的過程，依不同的階段性，附予不同表現的分類。『勁』是一體成形的瞬間爆發力，來自『足掌』作功，於傳導時，藉由『足掌』長距離作用，有附予加速度的空間。且利用人體真空原理，架構透通路徑，爆發威力，即時迅捷而富變化彈性。若無下手功法的引導，常是易學難就的。而初學武術，訓練體能，最容易呈現的是力道的漸次增強。一般拳法訓練，多以人體局部部位機能之操練為主，所呈現的多是用拙力力道將人推離或打倒，運用的是人體肌肉的強勢運作而已。且使用拙力時，受筋肌緊繃作用所阻，常會產生肌酸。短距離作用之力源本不大，加以受筋肌夾掣抵消，最後掙脫而出之力，常使所呈現的成效不彰。在『人體架構』上，此仍屬局部力道，是上半身的拙力表現，全身架構尚未整合。實際上，離

『勁』的境界，還有一段距離。人體肌肉的伸縮功能，本就可發揮作用力與反作用力的運作。加強肌肉協調性，確可助長力道範圍及強度，但這是局部性的筋肌運動。如動作俐落的跳躍踢踹滾翻等，多僅是『力』的表現爾耳。參與其他運動項目，亦能達到此類強化筋肌作用的功效，並非武術獨有的效益。

部分拳法中，有強調丹田發力者，並試著與氣功連成一體，練就丹田氣打及鼓盪效果。這種丹田發力方式，仍是一般拳法套路上『力』的表現。丹田為藏納之所，若要利用丹田運氣發勁，由於上半身力道，氣短而後續無力，故僅適用於同門練習。丹田氣打，因需等待下一波的運氣擊打，故會有一段空檔。然在實戰的即時性上，丹田氣打一旦中斷停歇，等於予對方有可乘之機，是極為危險的發勁方法。除非一發力，對方即敗，否則遇到功力相當者，你不打他，他就打你。實戰場上，以實質功夫見真章，絕不能假設對方技不如你，亦無等待或叫暫停的時機。且經常以藏納之所的丹田，來做強勢氣打的運用，是違反人體自然生理架構的，久之容易傷身，不可不慎。

「開元先天勁」功法，將力源改由『足掌』擊發，以全身整勁架構為基準點。利用背脊上的脊骨組織，配合厚實的背胛力量，運用髖骨轉折支撐力，延長由『足掌』至掌端的力臂與作用力。功效較丹田擊打力，綿延而耐久，所藉助者為『足掌』對地面的作用力，省力又可強化勁源。「開元先天勁」已納入全身整勁觀念，利用『人體架構』來導引勁源及發勁，勁道的強度已能展現出一定的威力。而進階功法中，是運用沉澱堆疊加密等訓練功法，由深細處，再調適功勁的精純度。實則，功勁鍛鍊，仍需透過從師許多口傳心授的過程，才能正本清源地習練。是以，不明究理或無親身體悟經驗者，常會延伸出一些似是而非，甚或有可能誤導後學的問題與理論。

或問曰：依書講解，象形演練，然卻練不起來。對曰：此乃僅習得外形，未經師長正確的引導調適試煉，不知動作的內涵所致。而習者依書練藝的動機本身也很重要，足以影響所求武學內涵之境界。動機是牽引神意的樞紐，這也是功勁成就，會因人而異的重要因素。功勁不同拳藝，隨師習藝，是功勁能快速進階的不二法門。部分需口傳心授的技法，是筆墨難以形容者，必得從師之親授，始得圓滿善巧之功。

或問曰：習練內家拳法，是否亦可達到將人騰飛的同等功勁效益。對曰：非類比也。功勁，為各拳術習武者，殊途同歸，所欲追求的共同目標。功勁立基於人體生理架構的整體運作，勁整則無堅不催。「開元先天勁」功法，探討功勁功法，鍛鍊並建構生理『自然反射』機能，乃超然於拳術之上，並得經反覆實驗證明。並不歸屬於任何內家或外家等有形有象的拳法之內。無論習練何種拳術，一旦具備有功勁基礎，練之如虎添翼。無功勁基礎，套路拳法，總為演藝者流。內家拳法，是於功勁基礎上，增添靈犀之應變技巧，然若無功勁基礎，則巧變亦無從立足，以根基不穩故耳。功勁有必備的下手功法，以奠定基礎，若不能齊備，遑論進階。是故弟子有擇良師之慮，而師有『非其人不能教，非其人不能學』的感慨。過聰與過憨者，有自恃過高與不知變巧之阻礙，惟務實有悟性，且能不斷提昇自我境界者，才能探究武學真諦。實有體悟，方能入門，否則多僅是鬆活筋骨，調適體能的鍛練爾耳。此與入門先後與鍛鍊時間的長短無關，然卻與從師點化，親身試煉體悟，有莫大關係，此乃躍進功法之門的重要環扣。

或問曰：先天勁功法，將人騰空震飛，與武術有何關連。對曰：先天勁功法的整勁爆發力，其瞬發之勢，剛猛決絕，傷害力極強。師徒試勁時，被擊者受勁力震盪，有如腦震盪般，常有瞬間暈眩不知所措之感。是以若直接爆發於人體，後果難料。故下手功法中，僅以翻浪勁與沖空勁，示範將人翻攪擊出或騰空震飛，藉以彰顯功勁之向量及速度爾耳。然不明究理者，常以果為因，反以彈人之法，誤為主要鍛練目的，此實因現今之習武者，未曾見聞，武術能有如此迅捷之爆發力表現耳。甚或有疑之為氣功擊打者，此皆非余示現之原意矣。武術主要內涵為實用技擊功法，非僅限於演藝套路耳。

或問曰：功勁進階如何分別，又如何驗證與拳理的異同。對曰：習練武學過程中，常有一段時間，似感無法契合拳理，無法突破，此即為調試階段。生理架構達到合理性的固著後，身心即會常感通暢舒展，某一環扣的突破，即是調試下一環扣的開始，層層築基，基礎下的深，功勁紮根功夫，即會愈沉厚。有時習者不明拳經義理原意，時或百思不得其解，然確執持個人主觀看法與見解，易落入誤析槽框。此階段是習者，尚未達到同等功法之體悟境界所致，並非拳經述理不明。未登高，如何縱觀山河之貌。驗證之法，應隨師求解，慎思明辨，透過同門試煉，由實際親體實悟中，體悟異同。

或問曰：試煉與實證，有何重要性。對曰：武術鍛鍊，需齊備「自我鍛鍊」與「臨陣鍛鍊」。「自我鍛鍊」，重在啟發自我潛能與生理機能的原動力。「臨陣鍛鍊」，重在充實應變與反射動作的慣性。臨陣無章法，無思慮空間，一觸即需應變。保命或傷損，務需透過「試煉」與「實證」的歷練，增長應變能力，絕不似套路演藝，可重來或重演。如若未能防身禦敵，習武何用。應敵時，虛實動靜，若不得時，不相應，任何悖動，皆會阻礙功勁的爆發效益。武學強化的是人體原有的本元潛能，生理架構滯礙不暢，就無法瞬間激發原動力。「試煉」，是步步引導，使生理架構或動作漸次養成慣性之法，亦是功法進階的必要步驟。「實證」，是『人體架構』機能整體運作的粹煉，將理論實際發揮，是知行合一的最佳表現。功力深淺、對錯，或過與不及，皆在此時，於從師及師兄弟面前，展露無遺，無法遮醜，亦無需炫耀。『功夫有沒有，人前走一走』，功法的「試煉」與「實證」，是考驗體悟心得，用心多寡，有無貫徹所學的基準。有無功夫，均會立即呈現，無需言語上的虛妄誇耀。

或問曰：先天勁法與纏絲勁，有何不同。對曰：一般論述的纏絲勁，是單項力的一種描述，主要是用以形容功力需蓄含綿延不斷的意境。過去人體力學的科學原理並未普及，前人常以動物或物體之形象或特長，來強調功法部位特性。用以彰顯『人體架構』上，必須鍛鍊的重點所在。不用藉助人體解剖圖示，即能道出合乎自然人體功學的架構訓練。如雞腿，指的是落胯及單腳提舉換勁時的單、雙重，重心變換要領。而邁步如貓行，則強調行步時，應以『足掌』先著地，並意喻有催步輕靈之效能，是例。「開元先天勁」功法，則是錯縱複雜的勁源，與生理架構息息相關。沉肩、墜肘、含胸、拔背、落胯、收尾閭，是最基本要求的定位架構。功勁，根源『足掌』，撐拔膝腿，承接腰胯，轉運尾閭，合扣脊背，墜肘沉肩，浮沉膚表，透通指掌，爆發勁力。實則，由『足掌』至抗力觸點，一氣呵成的整體一貫性，即是吾人追求武學功勁的目標。

『勁』不是用來恃技欺人，而是激發潛能，頤養身心，培養氣魄，服人以德，切不可傷人害命。此為追求武學應有的氣度，亦是崇尚高度藝術的表現，是【無極】與【不二】的極致發揮。功法鍛鍊時，三盤體用，具有相互為用的附屬性，時或牽一髮而動全身。此與人體力學環扣有關，是以需同時間整體對待。如脊椎、胯與尾閭之互動；如肩胛骨、膀臂與肘掌間的影響；如頭項與『足掌』之透通關係等。一旦整合，體內中空體的張力與壓力，便能隨機控制，於非動非靜中，隱藏勁力爆發泉湧。一如平和海面下，凝聚非靜非動的海濤威嚇爆發力般。此亦即「開元先天勁」功法透通迅動之妙。是以鍛鍊機制，雖可分別說明，但切需整體為用，乃為進階之徑。然『人體架構』的深細動作，要如何才能較有效而具體的調試，進而能一以貫之，整體為用，在辭解方面，則需進一步地釋譯說明。

何謂「落地生根」。是指將全身整勁的『人體架構』，經過淬練過程，於鬆緊蹉磨中漸次堆疊、壓縮、沉澱至『足掌』，且如植樹般地向下紮根。使吾體重心穩固紮實，不會輕易動搖。訓練『足掌』踩蹬技巧時，足跟要微起，且『足掌』需不斷地向地面深處蹉踩著根。並向廣域層面延伸，如盤根錯節的樹根般幅員遼闊，擴大功勁可作功的領域。使勁源腹地深廣穩實而屹立不搖，奠定紮實的功勁基礎，利於『足掌』作功時的即時反射效益。一般人總以為足部踩踏的面積愈大，重心愈能站得實在。或搭配以五指抓地，或執著於湧泉穴發力，或採用兩足重心前三後七式的足跟發力，這都不合乎人體自然生理架構及功學原理的發力法，此是以往錯誤的觀念。『足掌』作功時，與地面所產生的作用力與反作用力，是人體整體為用的立基點。『足掌』踩蹬，頭項頂撐，下撐上頂，全身整勁相應，方能使全身整勁之勢大抵成就。功勁基礎來自『足掌』磨蹭蹉踩的鍛鍊，此中包含向量與速度的控制。功夫要精進，『足掌』功勁的基礎訓練要下得深，才能主控全身整勁效應的發揮。『足掌』與地面磨蹉時，應似旋轉錐形體般地作功，形成擰旋制衡效益，主導引下串上之功。於『應手』

時，能輕易地將對方力道化於吾『足掌』下，使對方根基浮動失重，即可瞬間勁爆擊發。『足掌』落地生根的鍛鍊，是活絡全身整勁功法的基石。

何謂「堅膝」。發勁定著時，前腳膝部要撐要鎖，小腿筋肌撐拔，『足掌』向下向前頂插，如鐵犁耕地般堅深固實，隨即鎖定不可再鬆動。後腳膝部與小腿頂撐夾扣，後『足掌』踩蹬，如彈簧作用，引發勁源效用。前膝，具有支點作用定要鎖定，無支點人會往前傾俯。勁源一起，前膝是聚集力源不使分散的重要部位，切不可動搖或出尖。前膝一旦前傾或搖晃，會導致力源分散，力不連貫，驟失整體性。動步時，可靈活走動應變，然欲發勁時，兩足變換虛實瞬間夾扣。兩膝務需如定步時的堅膝動作般固著，以利勁源迅捷擊發。膝部鎖定，需如城牆般堅穩，切不可輕易棄守或易位。可配合髖部轉化暢通勁徑，是夾擠整勁上行的重要關卡，若能固若金湯，是為守城之鑰矣。

何謂「圓襠」。襠，指褲底內側交合點。圓襠，要內裹髖骨使襠圓合，而不是開襠。需靠兩腿內裹之力，使襠圓抱且蓄含。圓，可因應行步走動時之機動變化。蓄含，乃留出通行管道，支援力源的通暢空間。兩足力源的聚合，需有緩衝空間，兩膝蓋向前，裹襠圓撐。圓則潤，蓄則中空，若能通透，則力源即能整而暢行無阻。圓襠為人體整合架構的一部分，提供轉化媒介，不可使用拙力，應配合全身堆疊效應，增強彈性密度。密度愈高，藉地面微動的作用力，即可使彈力效應變大，發揮勁爆威力。

何謂「落胯」。落胯即是落髖。一般以為坐後腿即為落髖動作，實則，落髖需將髖骨部位，由後向前向內裹而沉落。身軀需維持似正非正，似斜非斜之勢。落髖要沉，但絕非鬆垮。髖沉時，小腹自然會微收，此以人體之生理結構，會互相牽動使然耳。髖骨部位，是溝通上下半身通路的重要轉環區域。調適合於生理架構的裹扣位置，才能使功勁順暢地貫徹擊發。落髖，是「開元先天勁」整勁功法的鍛鍊重點，其鬆活緊繃，足以影響架構的一貫性與透通性。

其浮沉走轉，足以控制動態重心的轉換角度與六合方位的機動性能。髖要微凹微陷，但動作上，不可用身軀起伏或前俯後仰來帶動。重點在沉落裹扣，是主導功勁引下串上的緩衝部位。

何謂「收尾閭」。收尾閭時，需先將骨盆腔的髖骨往前裹，達到圓脊骨中正脊背的功效。則位於脊椎骨尾端的薦骨部位，自然會呈現向前捲提的效果，切忌太過而勾摟背脊。尾閭薦骨向內捲提之勢，會使重心均衡下落，不偏不倚。尾閭捲則襠會圓，襠圓則髖自落，動作間是互有影響的。尾閭收攝捲提，收攝，可防止力源向後散佚，捲提，有助於力源向上頂拔。尾閭支點定位，則脊椎骨節節疊伏，脊背自然會微弓，如蓄含最佳彈性的弓弦一般。亦使肩胛骨的座力，沉落於腰背後的筋肌處，達到渾圓厚實的狀態。此架構符合脊椎骨的自然結構，如人側臥時的捲弧。使脊骨筋肌間有充分彈性運作空間，游刃有餘而不易傷損，不會因不當挺撐而凸顯疲乏。脊骨弓圓，身體中正，功勁爆發即會通暢而圓融。

何謂「收腹」。收腹，即疊肚。腹部要虛含，並非盈氣鼓漲丹田。收腹配合尾閭捲提，將聚合力攔裹在其中，使『人體架構』自然疏導出一條向上延伸的管道。小腹前鼓，會使勁道扭曲勁源前凸，造成力有未逮之勢，故需收腹。髖骨沉，尾閭捲，肚腹自然會微收，不需強行吸腹。收腹之勢，使勁道歸一，讓勁源祇有一條完整的路徑可通行。必能毫不延緩地向上衝，無有滯礙。暢通勁道路徑，需髖、尾閭及小腹三方架構相互搭配而成，缺一不可，是以動作雖小，確佔有重要地位。一般拳術中常論丹田發力，實則勁的收放與丹田無關。

何謂「含胸」。指胸要圓，動作中，胸骨及橫隔模要疊，一般人未經鍛鍊，無法使胸骨自然層疊。訓練時，先要把脊背拉動鬆活後，沉肩含胸層疊動作，才能一氣呵成。尤其後背的肩胛骨要練鬆、練活、練得有彈性。否則沉肩、墜肘、含胸等動作，皆會無法落實。含胸即要求胸要圓、要收、要層疊。

何謂「拔背」。即指肩前伸，而胛微向後吞沉。此動作會自然帶動脊背及腰背整塊作用，往上往前騰拔運作，切勿分開傳導。拔脊，背需弓挺，弓圓則順，順則可為勁源開拓上行之路。勁源由下向上拱，本需路徑的聚合疏導。而節節上升的脊骨架構，其間的韌骨筋肌，即是最佳爬升階梯。靈活鍛鍊脊骨間的筋肌，使背弓挺圓貼，可成為增益勁源的彈性組織，甚可強化且倍增功勁效益。

何謂「伸肩吞胛」。伸肩後，胛往後吞收，促使肩胛骨往後拱沉。不斷練習，可使肩胛骨鬆活。整塊肩胛骨活動空間增大後，當兩臂往前遞伸時，肩胛骨可隨之吞伸而出，延長兩臂對攻擊點的活動空間。且伸縮自如後，亦可成為控制勁源的後座力。一如穩固地炮台般，使勁源的收發，綿延不斷，機動靈活。此即為伸肩吞胛之功。在細部動作上，若兩臂膀向前遞伸，肩沉，可順勢使肩胛骨形成夾扣之勢，自然產生合力作用。且適可將前伸的上臂節骨與骨輪，鎖扣在關節窩範圍中，使骨輪有充分活動空間。然確又不離關節窩之運作，自然形成省力而堅實的功學架構。加以沉肩時，橫列的鎖骨亦會落沉，自然促成含胸之勢，相互為用之下，更可形成堅固堡壘作用。

何謂「沉肩墜肘」。一般以為將肩膀放下，即為沉肩，實則不然。沉肩，應將整個鎖骨往下放，肩向下沉，肩井穴凹陷，後背的肩胛骨要微微往後呑，使肩胛骨裏裹夾扣。沉肩，需含胸，胸含肩才會沉，兩者互動互用，相輔相成。沉肩，使肩胛骨夾扣，墜肘，可鎖定肘關節，此皆一體成形。如若肘關節時或仍有縮伸之舉動，表肩胛骨的夾扣未整，需再調適使之成為慣性動作。沉肩是放下束縛，使兩臂有更大的前伸緩衝空間。否則勁力會滯淤於身，不得其門而出。縱有勁源根基，卻無前行通路，路徑未能整合，亦是徒勞無功。墜肘，肘尖向下肘窩向上，肘曲，含而不張，非刻意扭曲肘部。可護住兩腋，亦能驅使上臂的肱骨與小臂的橈骨、尺骨在肘關節處，互抵定位鎖住。肘尖是由尺骨的肘頭，抵於肱骨的內側，肘窩是由橈骨的橈骨頭，抵住肱骨的外側。尺骨在下，橈骨在上，相互擰轉抵扣，於肘關節處能恰如其分地鎖定，產生合力。應變時，尺骨與橈骨，具擰轉韌性，仍可靈動巧變。一旦有得機之勢，即可瞬間以觸點為主，併扣尺骨與橈骨的合力點，使勁力直透指端或觸點，爆發勁力，迅捷奏功，對方全無預警訊息。沉肩墜肘時，若疏忽落髖之功，仍易使架構鬆散，不能整合。此因落髖動作，會影響肩胛與臂膀之整合動作故耳，反之亦然。

何謂「豎項、頭頂懸」。豎項，需將頸骨向上頂向上撐。頸豎則頭正，頭正則全體中正。項豎需收下頦，頸椎自然會撐開，成一直線。豎項，有益於頭部左右擺動時的靈活性，且可提昇精神力的集中，對機動反應有明顯的影響力。頂與足，是人體立足時，上下兩大重要支點。支點隨動而立，無固定處所。然頭頂與『足掌』，確是功勁爆發中，鎖定周身運作的身軀要衝。收下頦，頭往上向前頂撐。頂住百會穴與神庭穴中間的上支點，提領神意。頭頂，自然會收頦。收頦，自然會頸項中正。頸項中正連帶頸椎挺拔，促使頸椎與尾閭，形成脊椎弓圓與含胸撐拔的合力作用。神意具足，可帶動全身整體一貫性。脊椎正，自然尾閭正，尾閭捲提中正，自然脊椎弓挺中正。豎項、頭頂懸的鍛鍊，以頭項撐拔故，亦會促成肩沉、圓膀的動作。頭項主導神意，與『足掌』有上頂下撐，共同引爆勁力的密切關係。是支點，亦是功勁作用力的運籌處，會影響功勁擊發方向。頭項若偏叵或無法主控神意，勁源仍會有所散佚而不全。這也是習武者，最常忽略的地方。

何謂「搭手」。搭手或架手，是雙方對峙時，善意而被動的搭橋動作，是被動式反應。適用於同門間的試手餵招，不適於臨陣對敵用。或搭或架，多含有預備閃躲之意，而閃躲者常會落於敗方。對敵必需採用『應手』手法。『應手』有積極迎敵之意，一則可化除對方抗力，拔其重心根源。一則蓄含有應敵氣勢，主控觸手驚彈優勢。『應手』時，若對方不出力，可預前予後直接追勁。手起步動，左右對稱，虛實相應，任何方向的發力，皆要符合圓整性等速度及加速度運動，一發即鬆。『應手』時，可利用肩胛吞吐之勢，先佔優勢，再靈動手法。而指掌上姆指、食指及其它三指的三種作用力，需交相因應，隨時變化。由『自然反射』動作中，觸手驚彈。起手，隨即身步催。鼻尖手尖足尖，三尖要照，不貪不歉，不偏不倚。手動『足掌』合，手起身步追，沾實即發，要乾脆俐落，使勁源有如浪濤般洶湧周密。

整體而言，全身整勁架構的就位抵定，必須一體成形，一氣呵成，整體為用。一處不備，皆會影響他處的作功效益。功勁法門，隨機而應，無固定架式，故能變化無窮。鍛鍊期間，若仍無法達到瞬間擊發功勁效能，需依功法與跓功的訓練要訣，重新檢測全身整勁效應的落差處。中國武術，具多元化的發展外貌，然務需落實以對，方能不落空談。最好的驗證，就是親體實練，於自然圓融的『人體架構』中探求、歷練、實證。尤其是功勁基礎，具有廣遠的深度內涵，值得親身試煉，切勿沉溺於玄理上的空談或想像。拳經，拳譜，原是前人親身體悟後的心得結晶，並非推理論談的記述而已。武學並非文學，切勿著於文字名相，而說武談藝。武學著重術理並進，祇有『理』而無方法可驗證，會落於清談，經不起考驗。祇有『術』而無理論根據，易落入演藝者流。『術』與『理』，要能相互印證，逐步進階的軌跡才能衍傳。『術』與『理』，要能相互為用，相互提昇，落實成效，才能進一步徹通功勁的實質深意與內涵。進而精益求精，增廣武學境界。是以追求武學，習者切需捫心自問，釐清所欲追求的目標，慎選所求，一門深入，才能學有所成。

# 功法養生效益

『人體架構』，於每日的作習生活中，不斷地與地心引力及大氣壓力相互作用，長期受向外舒張及向內擠壓的影響。如若搭配不當，易造成架構上的偏叵，如脊椎歪斜，坐骨神經發炎等腰彎背駝現象。人體生理架構，如房子的組合體，根基要深穩，架構必須堅固牢靠，否則無法擋住外力侵害。亦如機械結構，每個機械零件，分別具有各自的功能與作用。一旦整合，必須具備整體機械架構相互為用的完整性，使各零件機能，皆能安置在必要及合理的位置，以發揮整體運作效益。忽略任一關卡，皆可能使運作不正常，甚或滯錮停擺，影響或降低整部機械的機動性。『人體架構』各關節筋肌在鍛鍊時，可分別調試其功能與作用。然在整體為用時，必須調適整個生理架構，使之符合自然生理功能及人體功學原理。此要求極為重要，並非要等到做某種功法動作或跓功鍛鍊，才需要進行特別調適。活潑靈動的健康人身，是人生最重要的資產。適切的人體生理架構鍛鍊法，藉由鬆活、緊縮身體各部位的關卡及樞紐運動。不僅對現代人剋制文明病痛，非常有效，且對改變習武者的筋肌慣性，亦有極大的助益。

「開元先天勁」，要求符合人體自然生理架構的功法鍛鍊，依次第訓練，對身體養生效應，有一定程度的助益，不會因扭曲架構而產生後遺症。如落髖、挺脊、拔背、扣膝撐拔小腿、擰腰轉項等動作，使關節筋肌有適切的活動量。自然地達到強健筋骨、調節體能及調理內分泌的功能。尤其是末稍肢節與神經，得到充分的訓練。可增強新陳代謝功能的運作，降低氧化作用，減緩機能老化時間。若同時配合呼吸法的引導，使體內氣體產生鼓盪作用。更可加強胸腔肺部及心臟的幫浦作用，穩定心肺功能頻率，按摩臟腑器官間的筋肌組織，充盈細胞的攜氧供給量，豐潤滋養末稍神經，活絡細胞循環功能，促進反射機能的敏銳性。且於激發潛能的過程中，能依個體特質，漸次帶動出不同層級的體內生機。有助於提昇身心整體健康指數，改善後天不良習性。身體健康舒暢有朝氣，心理狀態隨之明朗開拓。身心領域在相輔相成的良性循環下，身心健朗樂觀，功勁得以進展，實一舉數得。「開元先天勁」之於『人體架構』，要求最佳化的韌性鍛鍊，合乎中道。不偏不倚，不急不緩。能適當地撥揮人體各部位的最佳效能，並同時帶動出效益炯然的養生價值。

【挺脊】的訓鍊，在修正脊骨角度。透過撐拔鬆放的訓練，能使脊椎骨重新安置，減少骨刺壓迫。使脊椎間的連結重新富含彈性，能適應行立坐臥等各角度的操勞。猶如竹篩作用，篩動盤內豆穀時，為使豆穀均衡分佈，大小顆粒能各別聚集。整個篩動的過程，即是利用振盪效果，反覆上揚下落。上揚時，使之分離，下落時，使之輕重分置，井然有序。脊椎骨，透過騰拔及『足掌』頂撐的篩動振盪作用。可使脊骨以最自然最無壓迫性的自我振動方式，進行重新安置堆疊，回歸本位，功效較靠外力被動式的整脊要好。且經常性的自體伸拔訓練，同時帶動體內胸腹臟腑的機能。上下左右前後運動，伸拔搓揉，按摩臟腑間的筋肌韌性，加強收縮功能，深具治本功效。使舊疾病痛，較不會故態復明。若配合呼吸法，伸拔時吸氣，鬆放時吐氣。可鼓動體內氣體川流於椎骨間，氣體流暢就不會造成淤塞擠壓，可疏通臟腑間的壓力，增加自療能力與效果，減少藥石負擔。

【拔背】的訓鍊，可強健腰背兩腎後的筋肌組織。不同角度的拉動，其搓揉功效，可使筋肌富有韌性彈力。腰背腎後的筋肌，得到平衡訓練，會自然地鼓起。具有捍衛脊骨，保護臟腑的功能。故強化背肌，有助於扶正及護衛脊骨，較不會造成彎腰駝背現象。背拔，自然胸合圓融，頸項挺直，使人體能經常保持中正。無形中，讓我們很自然地呈現抬頭挺胸的氣度。行走坐臥都會顯得精神奕奕，神清氣爽，風采奪人，使身心常保清新愉悅。氣度開朗，亦會相對地呈現出身體的活力，達到身心均衡健康的共體效益。

【落髖】的訓鍊，脊椎尾端的薦骨部位向內裏，髖骨下落，有收攝下腹部的功能，自然形成提肛作用。落髖及前裹薦骨，拉長脊椎尾段的椎骨，可舒緩腰椎脊骨的壓力。髖骨下落，可緩和坐骨的承載力，減少腰酸背痛的機率。對經常長坐或長立的工作者，都能產生鬆緩壓力的成效，亦能減少骨刺增生現象。提肛的收攝作用，可增進下腹腔筋肌的收縮功能，小腹自然不會外凸。且收縮刺激有助於性功能生機的促進，使賀爾蒙運作功能得到改善，增強活力，繼而帶動人生的正面意義。

【扣膝撐拔小腿】的訓鍊，膝腿頂扣及小腿如鐵犁插土般地向前插蹉，可強健小腿肌腱。強而有力的腿足，會自然形成虹吸管作用，如同汲水幫浦般，使末稍血液的回流順暢。能帶動末稍血管與心臟形成良性循環，加強氧氣的輸送，快速帶出體內的二氣化碳。使各部位細胞都能獲得充盈的血氧量，而活力充沛。細胞的活絡，會帶動全面性的器官健康。尤其是腦細胞的活動力，會因供氧量充足而清新自在，減少老年痴呆機率，活化神經傳導系統，增進末稍肢節活動力，減緩各器官的退化現象，降低老化趨勢。所謂『人老先從腿上見，步履維艱手杖添』，膝腿的強固，對直立人體而言，極為重要。

【擰腰轉頸】的訓鍊，則是透過擰轉腰、脊、頸項等動作，依部位角度，圓潤運轉，鬆活骨節，以活絡上中下三盤。一般人由於長期工作故，頸項腰胯，久於一種姿勢，常會形成僵化或部分組織增厚，造成氣血滯礙或容易骨折現象。擰腰轉項的左右擰動，是以輕柔的方式，疏通僵化部位，消除部分筋肌增生現象，且能同時促動體內臟腑的來回蠕動。強化臟腑周圍的韌帶彈性及反射神經傳導機能，使臟腑得到不同角度的協調訓練，增益臟腑的自體蠕動作用。包括心肝脾肺腎，胰膽腸胃膀胱等五臟六腑，強健各別自體功能。經常的擰腰轉頸，使腰胯頸項活動力，變得輕鬆、自在、鬆柔，富有彈性。遇摔跌，能即時反應，可減少骨折及受傷程度。整體而言，脊椎若能層層往下疊，疊至髖骨、尾閭薦骨處，才算真正的將力量下導沉落。收尾閭時，髖骨會自然往前收，往前頂。一般的盤腿打坐動作，亦是依此原理而能平穩長坐。一般人挺胸端坐，酸疼多在腰椎處。若髖骨往前，骨盤會自然地往前收攝，則其受力點就不會在腰椎上，而會落在骨盤坐骨上，即可輕鬆長坐。

習武，應先調理出自然的生理架構，均衡發展，協調運作，以達到制衡性的調節作用。身體健康，才能有穩固之基，有利於各機能的平衡發展。深入瞭解人體骨骼筋肌的作用與關聯性，如骨骼是支架，筋肌是彈性所在等。是激發各機能原有功效，並進而提昇其潛能的要件。習武，若能常保最佳的體能與精神狀態，會促進機能的再造能力，連帶使免疫系統的抵禦能力增強。加以藝高人膽大後，信心十足，勇氣倍增。對個性與人際關係的相處之道，亦有莫大助益。實證功法的鍛鍊，由淺入深，每一階段，對個人身心皆有長遠而實際的建設性效益。一般人常會使用拙力，力量常綁在胸、腰、胯部位，壓力負荷很重。人體肌肉若時常僵硬，較會出現纖維化現象。故應常活絡筋骨，放鬆肌肉。且鬆活鍛鍊，可使身體過去原未運用到的筋肌部位，亦達到鬆放訓練重新整合。鬆活則力量就會往下沉，走路便會顯得輕鬆自在舒暢，而步履輕盈。

「開元先天勁」合乎自然法則的功法訓練，實已打通並強化『人體架構』的各關節樞紐，與各部位筋肌功能。訓鍊目標是彈力及韌性，而非粗壯的肌肉。特別是能活絡，與五臟六腑健康有極密切關係的脊椎骨架構。就『人體架構』而言，促進身心健康的附加價值，是全面性的，而非單一性的。自足踝、膝腿、髖腰、脊背、肩胛、頸項、肢體末稍、無不逐一參與訓練。尤其是手足末稍指端的觸覺敏銳度鍛鍊，透過氣脈的帶動與貫通，達到蘊育及舒緩氣血功能。末稍神經的激發，所獲得的健康成效，尤其卓著。而周身無處不彈簧的功能強化，所產生的彈性節奏，時時能震盪體內器官的筋肌。此是藉助外力的短暫性揉搓，所無法達到的自療效益。惟有自體作功，順應人體自然生理架構本位，符合大自然隨順原理，所產生的自體診療，才能得到實質治本效益的改善。且能經久不退，恆常地維持所需的活力。「開元先天勁」功法訓練，每一動作務求合理而自然，兼具通透與內控的特質。然需追求全身整體性的效能發揮，才能維持完整的健康基礎。進而激發本元潛能，反覆觸動功勁原理的研發與進階機制。筋肌順暢，架構均整，一切處在平衡基準點上，則人體各部位的協調性與靈敏度，皆會均衡而漸次地強化進展。除體能外，身心靈的成長，亦已一併提昇。「開元先天勁」以後天功法，啟先天之源，鍛鍊最佳化的人體自然生理架構，深具固本培元的養生價值。以功勁研發啟發潛能，以本源量能增長功勁，相輔相成。提昇身心能源的主控能力，適足以發揮人類精緻而純化的生命靈動力。

# 跋文

余研發「開元先天勁」功法時，逐步體悟到人體生理結構，本有精妙的功學原理。歷經披荊斬棘，步步為艱的探討，深入尋得「開元先天勁」功法的科學性與力學原理。並就生理、拳理、整勁、體用，進行全面性的改革。切實從『人體架構』下手，揭露武學真諦。合理化所有動作，以符合自然人體生理架構及功學原理的方式運作。使功勁法門，不但有方法可印證，並能快速進階。是以余於試煉教習時，被試者每驚於斯技之迅捷威猛，難以抗衡，多能心悅誠服。弟子習練，亦能快捷成效而時有突破，且依個別激發的人體潛能，而有不同的親身感受。一般不明究理者，或曰觀之即可習成，或曰懂得即可掌握。諸不知內中深意，非經層層抽絲剝繭地貫徹理術之道，無以深入紮根。一如溪中蝦蟹，不知河中龜鱗之行廣攸遊，河中龜鱗，不明大海鯨豚生涯之浩瀚深遠般。未及深窺，不可妄言已知已得之境。

功勁是潛能修為，應像求學問一樣，依正確的引導方向，驗證術理。故習者需先評估自己的適應程度，生活環境及自我根性。先放下原有的習性，否則功夫無從下手。深究武學，需理術與道德兼備，其內涵與人生哲理，個人心性，有密切關係。不同個性，會有不同層次的武學領悟。以其必隨人生歷練的成長，而激發出不同領域之潛能故耳。武學之於剛柔動靜表現，需從悟性著手。慧心體悟，方能充分啟發先天潛能無窮盡的發揮空間，鍛鍊體魄、膽識與智慧。中國有許多發現與發明，是值得深入開發與研究的。以武術領域而言，拳法依照人體骨骼筋肌的運動，產生相互作用力，是極符合力學與科學原理的。但目前所研究的武術力學原理，皆依西方的標準來解譯，反使中國原有力學運用的觀點消失。致使部分習武同好，未能親見功法成效，而產生諸多疑惑，甚為遺憾。余之習武生涯，亦是如是琢磨而來。為使後學能免於重蹈步履，耗日費時，余是以發表「開先先天勁」下手及進階功法之心得體悟。此間的歷練，沉穩而紮實，期能與用心於武學者共勉之。

「開元先天勁」實證功法，著重整體性功勁之粹練，故必先齊備下手功法的調適要件。以應實證功法之瞬息萬變，展現其所向披靡之象。功法鍛鍊時，象形僅能習得皮毛，無菁華可得。依師修學，師徒互動，是習練功勁，教學相長的最佳途徑。徒必隨師，崇其德，從其行，叢其學。於試煉中勿起慢心，應以自我成長為進階標杆，勿與他人較長短。有疑必證，切勿自作聰明而自誤。有心得，應與同門互利，所謂『三人行必有我師』焉，是能增長功力之機也。師者，若有更深一層的體悟境界，應當釋出，互印術理，無所保留。依體驗印證弟子之功勁，使其能漸次進階，導之以技以德。同門應相敬互愛，相互激勵成長。悟性本異，進階緩急不同，不應比較而有差別之屬。務需依技歸宗，師不驕恃，徒不輕慢。無德之人，技高無有益處，甚恐危害社會，傷人害己。功勁成就，切需努力，絕無不勞而獲者。「開元先天勁」下手及進階功法，旨在分享同好，使之得以練出具啟發性的真功夫，而非讓人撿現成的便宜，謀利誆人。若於功勁上，有不同的心得體悟，可以落實地加以研討。故弄玄虛或憑空幻想，於功勁法門無益，實應摒棄，以免遺誤後學。願習武同好，皆能於拳學術理上，有較落實的研發成果，使武學發展能漸次地往上提昇。

二〇〇一年歲次辛巳季秋弘易潘岳於台北石牌耕武樓

## 縱橫內家武學

定價：NT$350元

「易宗岳武學研究會」潘岳先生，於一九九〇年開始，數度前往大陸內地十餘省，致力於瞭解兩岸內家武學的傳承現況，並與當地武術名家交流切磋，蒐集資料。

《縱橫內家武學》是潘岳先生的成果彙集，有武學考證、有珍貴的記錄照片，為研究內家武學上，相當珍貴的資料。

## 突破拳學奧祕

定價：NT$420元

「先天勁下手功法」是建構在生理功學架構上的科學功法，徹底改變違反生理的後天慣性，重新開發培養新的人體應用功學。

「先天勁法」不是氣功，而是激發潛能、鍛鍊身體的自然反射動作，成於內，形於外。

而其表現於武術境界上的，只是窺豹之一斑，如能不斷地激發與試煉，其功效又豈是武術領域所可思議。

# 開元先天勁拳學
## —先天勁進階功法

**作者：潘岳**
**精裝本，232頁，**
**功法照片80張**
**11月底出版／**
**定價：NT$450元**

內容簡介：

「開元先天勁」，非藉由體力鍛鍊而來，而是透過【伸筋肌】、【調背脊】、【沈肩胛】、【固髖膝】的機體鍛鍊，以合乎力學與功學原理之最佳卡榫效能，來調試最適合功勁發揮的人體自然生理架構，奠定全身整勁基礎。

其次，透過【找勁】、【引勁】、【試勁】、【化勁】的功法鍛鍊，開發先天本元潛能，將功勁量能之運用，於動靜變化中反覆熟練，以結合人體神經反射中樞系統，成為自然任運的反射機能，穩固並成就功勁基石。

最後透過【黏手】、【纏手】、【盤手】、【手】等『應手』技法的串習，訓練功勁於實際『應手』時的整體應變能力。

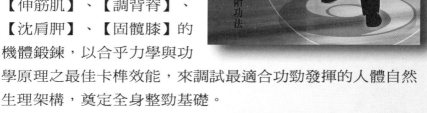

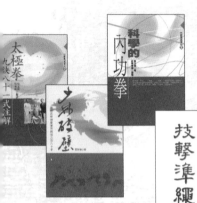

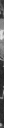

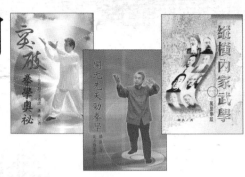

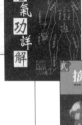

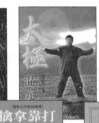

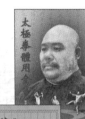

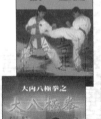

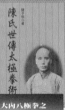

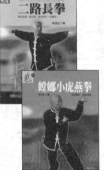

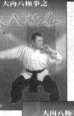

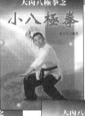

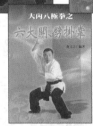

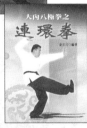

# 逸文出版有限公司圖書目錄

| 編　號 | 書　　名 | 作　者 | 定　價 |
|---|---|---|---|
| A101 | 萇氏武技書 | 清・萇乃周 | 130元 |
| A102 | 手臂錄 | 清・吳　殳 | 230元 |
| A103 | 縱橫內家武學 | 潘　岳 | 350元 |
| A104 | 突破拳學奧秘（精裝） | 潘　岳 | 420元 |
| A105 | 國術名詞探索 | 譚　雲 | 200元 |
| A106 | 武氏太極明珠 | 叢人・聞樂 | 180元 |
| A107 | 當代台灣國術史料彙編<br>（第一輯）（精裝） | 張伯夷 | 500元 |
| A108 | 永懷師恩－范之孝老師<br>紀念專輯（精裝） | 劉思謙 | 1,000元 |
| A109 | 開元先天勁拳學（精裝） | 潘　岳 | 450元 |
| A201 | 螳螂四路奔打拳法 | 高道生 | 250元 |
| A202 | 螳螂小虎燕拳 | 高道生 | 220元 |
| A203 | 二路長拳 | 高道生 | 230元 |
| A204 | 擒拿靠打 | 張伯夷 | 200元 |
| A205 | 大內八極拳之小八極拳 | 金立言 | 230元 |
| A206 | 大內八極拳之大八極拳 | 金立言 | 220元 |
| A207 | 大內八極拳之六大開、劈掛掌 | 金立言 | 230元 |
| A208 | 大內八極拳之連環拳 | 金立言 | 220元 |
| A209 | 大內八極拳之劉雲樵逝世十週年紀念 | 金立言 | 1200元 |
| A301 | 長肢白鶴拳之三戰<br>白鶴拳拳譜 | 蔡輝龍 | 230元 |
| A402 | 太極拳研究一得紀要 | 張敦熙 | 200元 |
| A403 | 武當嫡派太極拳術 | 李壽籛 | 300元 |
| A404 | 黃性賢太極鬆身五法 | 施錫欽 | 200元 |
| A405 | 太極拳論叢・附武術叢談 | 張敦熙 | 350元 |
| A406 | 太極拳理論文集 | 薛乃印 | 220元 |
| A407 | 楊氏太極拳精選套路 | 楊振國 | 200元 |
| A408 | 太極秘譜詮真（卷一） | 顏紫元 | 380元 |
| A409 | 太極混元功 | 薛乃印 | 120元 |

| 編　號 | 書　　名 | 作　者 | 定　價 |
|---|---|---|---|
| A410 | 太極拳研究－楊氏太極拳篇 | 王嘉祥 | 250元 |
| A501 | 八卦拳基礎 | 何靜寒 | 320元 |
| A511 | 龍形游身八卦掌 | 陳雲慶 | 150元 |
| A601 | 中國兵器大全 | 張伯夷 | 270元 |
| B101 | 太極拳九訣八十一式注解 | 吳孟俠 | 250元 |
| B102 | 太極拳體用全書 | 楊澄甫 | 220元 |
| B103 | 陳氏世傳太極拳術 | 陳子明 | 220元 |
| B201 | 形意拳術講義 | 薛　顛 | 300元 |
| B401 | 科學的內功拳 | 章乃器 | 200元 |
| B302 | 少林破壁 | 閻德華 | 250元 |
| B304 | 游身連環八卦掌 | 杜召棠 | 280元 |
| B501 | 技擊準繩 | 薛鞏初 | 120元 |
| B601 | 少林拳術精義 | 明・宗衡道人 | 編印中 |
| B602 | 拳經拳法備要（蟫隱廬版） | 張孔昭 | 250元 |
| B603 | 意氣功詳解 | 王賢賓 | 120元 |
| B802 | 無極八卦連環掌（手抄本）<br>【限量版】 | 劉德寬體系 | 8,000元 |
| B803 | 八卦戟法（手抄本）<br>【限量版】 | 劉德寬體系 | 8,000元 |
| B804 | 易筋經（手抄本）【限量版】 |  | 5,000元 |
| B805 | 繪圖本易筋經（手抄本）<br>【限量版】 | 劉啟元錄 | 5,000元 |
| B806 | 徐氏氣功家傳（手抄本）<br>【限量版】 |  | 2,500元 |
| E201 | 八極拳－劉雲樵紀念專輯<br>（錄影帶） | 金立言 | 1,200元 |
| E413 | 1999北京國際搏擊散手邀請賽 | （錄影帶） | 400元 |
| E414 | 1999北京國際搏擊散手邀請賽 | （VCD） | 400元 |

戶名：逸文出版有限公司／劃撥帳號：18602922／電話：（02）23706154
傳真：（02）23706156・23706169／網址：www.lionbooks.com.tw
地址：台北市重慶南路一段63號5樓507室

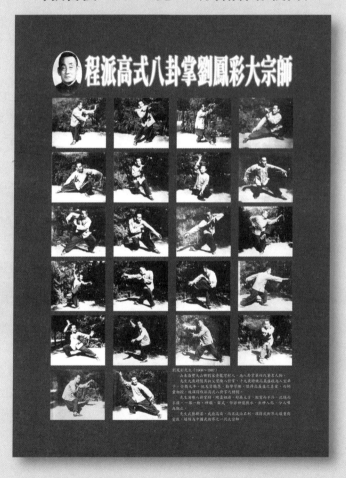

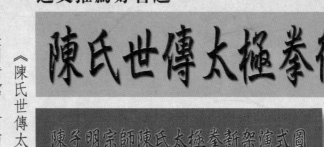

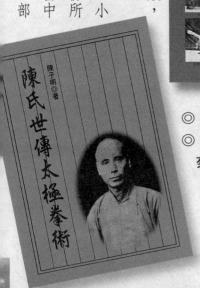

# 大內八極拳劉雲樵大師逝世十週年紀念

**全書120頁，25cm×25cm，精裝（附書盒）**
**雪銅紙精印，珍貴照片數百張**
**定價：NT＄1200元　11月底出版！**

內容簡介：

本書內容包括劉雲樵宗師親自示範大內八極拳全部套路（小八極、大八極、六大開、連環拳、劈掛掌）、劉老師擊砂袋、拍捧凳練功紀錄影像，以及劉老師大內訓練侍衛隊之極珍貴鏡頭。全部首次公開，空前絕後，絕對值得珍藏。

武系列　A・109

# 開元先天勁拳學—先天勁進階功法

編　　著：潘　岳
出 版 者：逸 文 出 版 有 限 公 司
發 行 人：劉康毅
美術編輯：葉秋吟
封面設計：瞧　一
地　　址：台北市重慶南路一段63號5樓507室
電　　話：（02）23311840・23706154
傳　　真：（02）23706169・23706156
網　　址：www.lionbooks.com.tw
劃撥帳號：1860292-2　逸文出版有限公司
登 記 證：局版台業字第6638號
定　　價：新台幣450元
初　　版：2001年11月
I S B N：957-30211-4-5
總 經 銷／文笙書局股份有限公司
地　　址／台北市忠孝西路一段233號
電　　話／02-23814280・23810359
傳　　真／02-23146035
專 售 店：
實用書局　電話：23847818
香港九龍彌敦道497號3樓E座
香港武術文藝服務中心　電話：24155113
香港荃灣沙咀道251號2樓
香港藝粹店　電話：28020488
香港灣仔軒尼詩道289號裕豐商業中心12樓A室
（株）光儒堂　電話：（03）32914344
日本國東京都千代田區神田神保町1-56
PLUM PUBLICATIONS （800） 6678329
P.O. Box 1134 Santa CRUZ, CA 95061 U.S.A.

國家圖書館出版品預行編目資料

開元先天勁拳學：先天勁進階功法／潘岳著
--初版-- 臺北市：逸文, 2001〔民90〕
面； 公分. --（經典武學；A109）

ISBN 957-30211-4-5（精裝）
1・拳術 2.武術
528.97 90010066